[美]大卫·奥格威 著／林桦 译

一个广告人的自白

（纪念版）

CONFESSIONS OF
AN ADVERTISING MAN

中信出版集团 CHINA**CITIC**PRESS 北京

图书在版编目（CIP）数据

一个广告人的自白：纪念版／（美）奥格威著；林桦译. —3 版. —北京：中信出版社，2015.7（2024.11重印）
书名原文：CONFESSIONS OF AN ADVERTISING MAN
ISBN 978－7－5086－5191－0

Ⅰ.①一… Ⅱ.①奥… ②林… Ⅲ.①广告公司－企业管理－经验－美国 Ⅳ.①F713.8
中国版本图书馆CIP数据核字（2015）第103669号

Copyright © 1963,1987 by David Ogilvy Trustee
Copyright © renewed 1991 by David Ogilvy
Simplified Chinese translation edition © 2015 by CHINA CITIC PRESS
ALL RIGHTS RESERVED.
本书仅限于中国大陆出版发行

一个广告人的自白（纪念版）

著　　者：［美］大卫·奥格威
译　　者：林桦
策　划　者：中信出版社（China CITIC Press）　龙之媒
出版发行：中信出版集团股份有限公司
　　　　　（北京市朝阳区东三环北路27号嘉铭中心 邮编 100020）
　　　　　（CITIC Publishing Group）
承　印　者：三河市中晟雅豪印务有限公司

开　　本：880mm×1230mm　1/32　　　印　张：8.5　　　字　数：130千字
版　　次：2015年7月第3版　　　　　　印　次：2024年11月第53次印刷
书　　号：ISBN 978－7－5086－5191－0/F·3389
京权图字：01－2008－3490　　　　　　定　价：35.00元

版权所有·侵权必究
凡购本社图书，如有缺页、倒页、脱页，由发行公司负责退换
服务热线：010－84849555　　服务传真：010－84849000
投稿邮箱：author@citicpub.com

目　录 CONTENTS

奥美全球主席兼首席执行官序　V

奥美集团亚太区董事长序　VII

奥美大中华区董事长序　IX

忆《一个广告人的自白》在中国大陆的首次出版　XI

英雄死了，英雄万岁　XVII

阅读奥格威　XXI

为1991年中文版序　XXIX

本书背后的故事　001

背景　015

第一章　怎样经营广告公司　019

CONTENTS

第二章　怎样争取客户　043

第三章　怎样维系客户　083

第四章　怎样当一个好客户　105

第五章　怎样创作高水平的广告　127

第六章　怎样写有效力的文案　149

第七章　怎样使用插图和编排文案　165

第八章　怎样制作上乘的电视广告　185

第九章　怎样为食品、旅游地和专利药品制作优良广告　195

第十章　怎样才能功成名就——对年轻人的进言　205

第十一章　广告是否应予废止　217

译后记　237

译者再记　239

奥美全球主席兼首席执行官序

大卫·奥格威是个了不起的人。他做过厨师、挨门挨户的推销员、市场调查员、外交官和农夫,之后才进入广告业。尽管如此,他却是当代最具敏锐洞察力的企业领导者之一。抑或正是这些经历使他成为这样的领导者。他对于广告、对于能够使一家广告公司获得成功的方法、对于如何建立我们的客户所需的强有力的品牌,都做了大量的思考。不仅如此,他还把这些思考诉诸文字。从奥美创建初期开始,大卫·奥格威就不断地在备忘录、演讲还有最值得注意的——他的著作中,表述他的广告和经营哲学。

大卫的著作受到长久的欢迎,证明他的观点不仅指导了奥美公司,同时是对整个广告业的令人信服的建议。《一个广告人的自白》无论在风格上还是内容上,都是一个突破——从来没有人以如此的坦率和热情书写这个行业。《奥格威谈广告》的写作方式则使它更具有启发性，它已经被数十个国家的数百所院校作为广告和营销课程的教材。这套书中的另一本——《广告大师奥格威——未公诸于世的选集》对于奥美人具有尤其特别的意义。这本在大卫退休后编辑和内部出版的选集，是一个虽然规模不大却弥足珍贵的样本，全面反映出奥格威在激励、教导、劝诱、吸引他所创办的公司全力做到最好方面的不懈努力。

我们相信他的这些努力仍然在奏效。

我们如此重视大卫的思想，是因为它不受时间的影响，在今天依然适用。希望你也认为如此。

请开始体验阅读之乐吧。

夏兰泽

Shelly Lazarus

奥美集团亚太区董事长序

中国正在经历着全球有史以来最短时间内最大规模的品牌创建运动。

在我看来，这意味着有两个因素正在以特别强有力的方式同时发生作用。一是中国的经济改革正引领中国的产品和服务向前发展，使它们有可能和世界上最好的产品和服务竞争；二是中国文化在符号和象征方面的深度，允许中国消费者热情地添加多角度多层面的含义。

而"品牌形象"正可以将这两个因素结合起来。

大卫·奥格威在20世纪50年代早期推广"品牌形象"这一概念的时候曾说："我们坚信每一则广告都必须被看成是对品牌形象这种复杂的象征符号做贡献，及对品牌声誉所作的长期投资的一部分。"

他的意思是，除了产品所具有的有形特性，产品的无形特性——支撑着品牌形象的情感价值，也是一项重要的资产。今天，在中国，这个事实正在被越来越多地意识到，人们越来越清楚地发现，中国品牌想要和西方品牌同场竞技，就必须运用产品的无形特性这一工具。

以我们的经验来看，中国消费者乐于识别品牌的"无形特性"，而且，与一些外国学者的看法相反，他们也非常乐于同自己喜欢的品牌建立密切的关系。

"品牌形象之父"的著作，也展现了大卫的幽默、敏锐和对实际的全然注重。他是个非凡的人物——有时特立独行，有时富于煽动性，永远轻松活跃、令人兴奋。希望你读了他的书之后，也有同感。

杨明皓

Miles Young

奥美大中华区董事长序

这本书在过往的广告史上可能是对广告人影响最大的一本,很少有广告人没有看过这本书,一直到现在应该还是,相信未来还是这样。有些读者不是广告人,而是从事营销工作,是广告人的客户,对他们来讲,这本书应是最好地了解广告业及广告人的书。而且,就算你已经从事广告业多年,仍可以偶尔拿出来看看,仍会对你有许多启发。

事实上,要了解广告业及广告人是很容易的。看过本书,找业内人士聊聊你就会了解,但要做好广告确实不容易。会讲道理的人不少,讲得好的却不多。D. O.(大卫·奥格威)写了4本书,可以说概括了广告的方方面面。

有些论点或许目前你可以不同意,但大多数的论点,到现在仍是

一个广告人的自白
Confessions of
an Advertising Man

千真万确的。有些时候，你会觉得不好玩——什么都被 D. O. 在那么早的时候就讲清楚了，我们这些后生小辈还有什么好玩的。

但我想，D. O. 花了许多时间让我们了解，就是让我们更有机会做得比他更好，这就是好玩的地方。广告就是这么回事。如果你看了这本书还想进来或继续做下去，那显然，你的脑袋或血液中，有些部分是与众不同的。

感谢龙之媒徐智明先生对 D. O. 及奥美的兴趣，让这本书再度在中国发行，希望对于中国广告界的一些乱象有些调整的功效，并且对一些想要进入广告界的年轻朋友有所启迪，使他们能对广告行业有较为正确的看法。

宋秩铭

T. B. Song

忆《一个广告人的自白》在中国大陆的首次出版

在中国大陆酝酿出版广告大师奥格威的书，还是挺早以前的事。说是早，但提起这事，那些情景仿佛是在昨天或前天。

说老实话，我在 1984 年到北京广告公司（下简称北广）任总经理之前，知道的国际广告公司并不算少，但真正熟悉的却只有日本电通。1979 年中国大陆一开放广告市场，欧美的广告公司有的或许还在睡梦中，电通在次年的 2 月就在北京建立了事务所。所长是我 1973 年就在日本结识的老朋友八木信人！电通的大和它现代广告企业的作业方式，吉田秀雄和他的"鬼才十则"，成了当年还算年轻的我能在广告路上坚定走下去的鞭策与激励。

但到了北广则不同，除了电通依然占据着与公司业务交往的头牌地位之外，奥美出现的频率以及在公司业务上的作用变得十分突出。

我刚到北广不久，在东京召开的 IAA 第 29 届世界广告大会担任主席的英国奥美总裁皮切尔在大会结束后，顺访了北京广告公司。对我来说，这算是第一次直接感受奥美。又过了几日，公司管外事的干部安排宴请外商，记得晚上 6 点刚过，一个大腹便便，身穿缀着铜扣蓝西装，内着粉红色衬衫，拎着黑色公文箱，早已与北广上下打得火热的"客户"，掐着钟点儿，径直走进了事先安排好的包间，他就是香港奥美当时的总经理马建伟先生，当年香港广告界尊称"马爷"。"马爷"操着带有 85% 粤语成分的普通话，一见面就把我略带几分表演式的拘谨扯得无影无踪。这是我与奥美真正面对面的接点，"马爷"成了日后帮我推开奥美大门、认识奥美，进而崇拜奥格威的良师益友和今天的铁哥们儿。

"马爷"外表"粗放"，内在"集约"，感觉极其敏锐。他也许认为新到北广的我，似乎不再仅是一个与"企业级别"相对应的干部，而是真想在专业上有所长进、可塑的"潜广告人"，所以每次从香港过来，都会给我带点奥美的或者不是奥美的广告方面的书刊资料。他知道我不懂英文，所以都是中文的，比如《如何做广告》、《4A 广告公司作业手册》等。这是北广其他人在他那里很少得到的"待遇"。一次，他从香港回来约我一起吃饭，席间递给我一本开本不大的简装书，是台湾赖东明先生翻译的奥格威的《一个广告人的自白》。当时我还不知道这本书的分量，只觉得书的名字让人眼睛一亮，其他并未

忆《一个广告人的自白》
在中国大陆的首次出版

在意，道了谢也就收了起来。

回去翻开："经营广告公司和经营其他从事创造性业务的机构如实验室、杂志社、建筑师事务所、餐馆都一样"、"怎样经营广告公司"、"怎样争取客户"、"怎样维系客户"……一口气看了大半本！一边读一边想：广告的书竟能写得如此生动而直截了当！用今天小青年的话说："哇！真爽！"我把感受说给"马爷"，"马爷"只说了一句：奥格威没念过大学，可大学念奥格威的书！之后，"马爷"把《广告大师奥格威》、《奥格威谈广告》等书都陆续地找来送给我；把当时奥美亚洲区总裁利宜德介绍给我，并成了好朋友；1986年还鬼使神差地把在美国的奥美总裁和副总裁都请到北京访问……当然，那时候奥美在长城饭店的临时办公室和1986年以后设在赛特大厦1203的北京办事处，也是我经常光顾的地方。

奥美成了我最崇拜的广告公司，因为她深厚的企业文化是世界上最棒的！奥格威成了我最崇拜的广告大师，因为从他那里我找到了做广告人的自尊和自豪！所以，从那时直到现在，我在说到广告时，经常挂在嘴边的依然是："广告是人的行业，有广告人的地方就有强烈的喜怒哀乐……"，"除非你对广告所抱持的兴趣甚于其他，否则别轻易踏入这一行"，"做广告是为了销售产品，否则就不是做广告"……

当初也想"好东西与好朋友分享"，把这些能让人充足了"电"的好书，介绍传播给为中国广告事业奋斗的广告人，可当的不是那份儿差，就是有那心也没那力。

1988年我调到中国对外经济贸易广告协会（下简称外广协），同年10月当了秘书长，主持日常工作，原先想办而不能办的一些事，有了可能。办的与传播奥美文化有关的第一件事，就是在策划了把《国际广告》杂志从上海迁到北京，直接放在协会秘书处办刊不久，就把原奥美内部系统的《奥美通讯》，以广告插页的方式收纳在每期的《国际广告》杂志中；再一件就是把惦记已久的出版奥格威的《一个广告人的自白》的想法变成现实。因为赖东明先生翻译的中文版本是从日文版翻译过来的，过了"英—日—中"两道程序，再加上台湾的中文与大陆的中文味道也不尽相同，担心直接用来出版，原意恐有衰减，所以决定用英文原版重新翻译成中文。想法一说给"马爷"，再见面时他就把一本精装的英文本找了来，并答应疏通版权方面的事宜。

翻译是委托当时在外广协担任国际联络部顾问的林桦同志。林老原是文化部的离休干部，曾在国外常驻达12年之久。他英文极好，且博览群书，自打接触广告，则一发而不可收，任何广告资讯都不放过。接了这活儿，书中所有引证、注释都来了个"打破砂锅问到底"。功底深自然译得快，再加之"内贤"相助，不久，英文原书和一叠厚厚的中文译稿就整整齐齐地摆到了我的办公桌上。

我和"马爷"约好在广州见面。宾馆里，我拿中文稿，他拿英文书；我念，他看。"等等，""马爷"问，"这句话还有什么说法？"我

忆《一个广告人的自白》
在中国大陆的首次出版

想出另一种说法，马爷摇摇头。我再尽可能提出一两种说法，"马爷"也许就会迫不及待地叫道："这个好！这个好！"我俩就是用这种近乎单调而重复的方法，在三天的时间里从头至尾地把译稿捋了个遍。林老在书的《译后记》中说承"香港马建伟先生仔细校阅"，依我看倒更像是字斟句酌的润色。当我又从头至尾地读完一遍之后，我和"马爷"在广州街头都不约而同地品出了"皮蛋粥"和"蒸凤爪"从未品出过的美味！

"马爷"把在香港做好的奥格威的照片以及书中两幅广告插图的底片交给我，又把奥格威《为中文版序》的中、英文稿交我"审阅"。当我看过这篇篇幅不长，但字里行间都严丝合缝地对应着中国国情和我想说出的那些事儿的《为中文版序》时，立刻就明白了这"序"的产生经过。

不好意思，就这么个话题一说起来就刹不住车！而这些又全像是昨天和前天的事。

今天，北京龙之媒书店的总经理徐智明先生和他的团队一下子把奥格威的几本书都出（再）版齐了，说实在的，兴奋之余还真有几分感慨：小徐，明天的事全都拜托你（们）了！

中国广告协会学术委员会副主任

姜 弘

英雄死了，英雄万岁

不同的年纪有不同的偶像。不同的行业自然也有不同的英雄。

无论是广告公司的老枪还是专业科班的新丁，如果问及在专业上对其影响最大的人物和书籍，推举大卫·奥格威和他写的《一个广告人的自白》、《奥格威谈广告》的肯定是多数。作为一名广告专业教员，我在常年与专业学生和广告公司打交道的时候数次做过这样的测试，结果大抵如此。

坦率地说，广告业经过百年历练，早已从卑微、下等的"贱业"脱皮，挺身于知识经济产业的行列，换言之，成为服务业中最为尊贵的"食脑族群"之一。远的不说，就以中国为例，清华、北大、复旦、武大之类的百年老校近年来纷纷开设广告专业，这绝不是一时冲动之举。广告专业的教育体系，也从本科向硕士、博士层次迈进，广告学理论的著作，简直可以说是汗牛充栋，无论是公司操作，还是媒介业务，或者是创意百科等等，应有尽有，不胜枚举。在这个时候，为什么大卫·奥格威和他的著作依然光芒四射、魅力不减呢？

可能是他的奋斗经历、一代人的打拼，创下了全球闻名的奥美广告，有组织且有观点；也可能是他的专业操作、惊世骇俗的创意、充满智慧的警语，为老枪所模仿，也给新丁予启蒙；更有可能是他的人格和专业操守，为广告成为一个专业奠下了重要的基础。

广告业是一个多变的行业，操作常变、组织常动、知识常新，大卫·奥格威正是在求变应变之中锻造了一支奥美团队。然而，在大卫·奥格威晚年的时候，这位广告英雄不得不为业内翻天覆地的变化所震撼，不得不惊叹世道之无常："咳，现在的广告老大，连正经的广告词都还没有写过呢！"这成为他有名的世纪之叹。的确如此，在资本力量的推动之下，广告业这十多年的震荡重组令人眼花缭乱。大卫创立的奥美团队也在资本之手的拨弄之下，嵌入全球性战略的链条之中，随着规模的扩大，越来越失去本色。

随机应变是广告人生存的本能，因而产生了广告业的应变文化，立足于产业潮头，保持更新自己。问题是，在变化无常之中自己的基点在哪里？有一天，一个资深广告人问我："什么是广告？"我糊涂了。

什么是广告？近来广告人常常自问自答。求变者在变化之中迷失了自我。这种时候，寻访自己的出身、追踪专业的本源是不是会给迷茫的灵魂带来一些慰藉呢？

呜呼，遭遇多事之秋，偶像得以复活，而英雄又可再生！

中国传媒大学广告学院院长

黄升民

阅读奥格威

如果一个中国广告人只知道一个外国广告人的名字，他知道的多半会是大卫·奥格威；同样，如果只知道一本广告经典，那本书多半就是《一个广告人的自白》。奥格威和《一个广告人的自白》在广告业的地位如此崇高，以至于人们常常忽略了这个人作为商界英雄和这本书作为杰出商业读本的另一面。

大卫·奥格威是广告业乃至整个商业世界一个不朽的传奇。他如此总结自己进入广告业前丰富得稍显杂乱的前半生："他今年38岁，失业。大学中途辍学，做过厨师、推销员、外交官，也当过农夫。他完全不懂营销，也不曾写过任何广告文案。但他自称有志于广告，希望在这一行闯出一番事业（以38岁的年龄），而且也准备接受一年5 000美元的薪水。"

一个广告人的自白
Confessions of
an Advertising Man

奥格威在广告行业里闯出的事业可能远远超过了他当初立下的志向。入行三年之后，他成了世界上最有名的广告文案撰稿人，而且不久又以 6 000 美元创办了当今享誉全球的奥美广告公司，随后在整个职业生涯中获得了无数倍极尊荣的称号——"现代广告教皇"、"工业革命以来最有贡献的人士之一"（法国一著名杂志语）、"现代广告最具创造力的推动者"（《纽约时报》）、"当今广告业最抢手的广告奇才"（《时代》）、"品牌形象之父"……

自奥美集团董事长职位上退下来后，奥格威又以令人神往的方式完成了这部传奇的结尾：和妻子生活在法国文物级的私人古堡中，莳花弄草，每年召见奥美全球的高层人物传道解惑，直到 1999 年 7 月 21 日前往天堂继续他的广告事业。

奥格威在 1962 年夏季休假期间写了他的第一部，也是最重要的一部著作《一个广告人的自白》，并且把版权送给 21 岁的儿子做生日礼物。他本以为这本书能卖掉 4 000 册就不错了，结果它成了脱缰之马——一本畅销书，后来被翻译成 20 多种语言，销售超过 150 万册。

热诚的读者们可能很少关注一个事实，那就是奥格威写这本书，是出于鲜明的商业目的。"我为什么要写它？首先，给我的广告公司招揽新客户；其次，检验我们的股份公开上市时候的市场条件；最后，提高我在生意圈子里的知名度。它做到了一箭三雕。"还有奥格威没能预见的第四只雕，1991 年这本书的首个中文版以极其朴素的面貌出现在中国读者面前,并且很快成为广告人必读的"圣经",而且,毋庸置疑的是,它同样帮助了奥美广告在中国大陆市场的发展。

一本为商业目的写作的书能持续40年畅销,最有说服力的解释就是,它有值得受到读者如此重视的内容,而且它能够吸引广泛的读者群。

广告人固然极有必要常备手边,因为在这本书中,奥格威以自己的广告哲学和经验,充实了广告人观念和广告专业最核心的部分,设定了现代广告很多最基本的原则和标准,比如"我们做广告是为了销售,否则就不是做广告",好广告应该"不引公众注意,它自身就销售出产品"。奥格威还设定了广告高标准的社会责任——讲事实,不欺骗,不要创作你不希望自己家人看到的广告……他的广告哲学和他所传授的他赖以成功的许许多多有效的方法,构成了奥美内部训练教材"神灯"系列的主干,而"神灯"又是无数广告人心向往之的广告"秘诀"。真的有秘诀可言吗?正如奥格威所说:"消费者购买的东西仍然是广告向他们允诺的那些值得花钱买下的东西,那些有营养、那些美味可口、那些秀美或者那些可消除头痛和别的什么病痛的东西,那些适合他们社会地位的东西。这在世界任何一个国家都一样正确。"奥格威所讲的,就是建立在这样的认知基础上的广告原则和技术,所以他关于怎样创作高水平的广告、怎样写有效力的文案、怎样制作上乘的电视广告的经验之谈才能历久弥新,成为经典。正如品酒,快速勾兑的可供一醉，还要当心头痛的后遗症，而经过岁月洗礼的，才是真正的佳酿。

这其实也是一本写给广告主的书，而且奥格威的本意也是如此。奥格威大概是唯一一个向他的客户和未来的客户坦承自己如何经营广告公司、怎样争取客户、怎样维系客户，并且毫不客气地告诉对方怎样当一个好客户的广告人。奥美今天的一位总监在将内部会议讲话公之于众的时候，曾经担心"毕竟和客户还没有亲密到相互展示内衣的程度"，但是奥格威没有任何隐讳与修饰地讲出了一切。这给广告主们提供了一个真正了解广告代理商的机会，而且如果你愿意，还是一个学习"悉心照料给你下金蛋的鹅"的好课堂。奥格威给客户写下了15条规则，包括消除广告公司的恐惧心理、向广告公司全面彻底地介绍你的情况、不要在创作领域里与你的广告公司一较高低（何必养了狗又自己汪汪叫）、不要让一层又一层的机构干预你的广告宣传……广告服务的内容也许在变化，但这些规则依旧有效。

大卫·奥格威通常被定位为"广告大师"，《一个广告人的自白》也通常被定位为"广告经典"。事实如此，但也不仅如此。奥美的成功，使奥格威同时也成为一位当之无愧的商界英雄。他当年创办的"小小的创作铺子"，在他还担任实际的领导者时已经成为世界最大的广告公司之一，今天则成为一个全球性的国际集团、全球最大的传播服务公司之一，为众多世界知名品牌提供专业性的策略顾问和传播服务，而且奥美本身也成为一个著名品牌。在中国大陆，最新的调查显示，奥美是中国大学生心目中的50家最佳雇主企业之一，而这一切源自奥格威的经营理念和他为奥美公司建立的一套完整独特的企业文化。

一家在规模、业绩、专业水准上取得巨大成就的卓越公司，如何做到在精神上也魅力无穷？奥格威在《一个广告人的自白》和另外三本著作《奥格威谈广告》、《广告大师奥格威——未公诸于世的选集》（奥美伙伴送给他75岁生日的礼物）、《大卫·奥格威自传》中公开了他将一家没有客户的新企业，发展成一家卓越的企业，并为它注入持久的个性和精神的全部历程——用他所习惯的直截了当的方式，而不是商学院教授的风格。尽管谈论的是广告公司，相信对所有类型的公司都有用处。

"我们的一些人在我们公司干了一辈子。我们该死心塌地地把它办成一个干工作的好地方。我们把这一点放在首位"，"我们把我们的人当人看"，"我们尽量让他们把他们的才能发挥至极"，"攀登我们的阶梯的机会对所有人都是公开的"，"我尽量保持公司蓬勃的朝气——保持公司的激情、活力和向前闯的劲头"，"我尊敬那些注意培养下属的人，因为这是我们唯一能从内部提拔人才的途径"……他把这些准则以各种形式写下来，并在公司内的各种场合传播，经过奥格威自称为"疯狂"的重复，这些都被编织进奥美的企业文化，使奥美成为一个工作的好地方、受顾客尊敬的企业、"广告界的领导人、绅士和老师"。一家大广告公司的负责人曾说奥美是全世界广告公司中唯一具有企业文化的。

奥格威有一个"俄罗斯套娃"的著名比喻,也是一个给很多企业经营管理者以警惕的故事。在一次奥美董事会上,每个与会的董事面前都摆了个俄罗斯套娃。奥格威说:"那个就是你,打开吧。"于是,董事们一一把娃娃打开来看,结果出现的是一个小一号的娃娃。接着他们继续打开,里头的娃娃一个比一个小。最后,当他们打开最里面的迷你娃娃时,看到了一张奥格威题了字的小纸条。纸条上面写的是:"如果你经常雇用比你弱小的人,将来我们就会变成一家侏儒公司。相反的,如果你每次都雇用比你强大的人,日后我们必定成为一家巨人公司。"奥美成了一家以创意、品牌管理、企业文化和完善的培训著称的巨人公司。

同样不能忘却的是奥格威对如何建设成功品牌的贡献。在这个品牌的时代,"品牌"作为一种符号和现象正在被进行各种各样纷繁复杂的解说,而奥格威只以一句话就奠定了他"品牌形象之父"的地位——"品牌指的是个性",形象、透辟、直指人们消费品牌的本质。基于这种个性对一个产品所具有的长期稳定的价值,奥格威将广告从帮助销售提高到帮助建设品牌的高度,"每一个广告都是为建立品牌个性所作的长期投资"。这不是理论,却是最有效的操作指南。奥格

威与他所领导的奥美帮助众多全球知名品牌，包括美国运通、福特、壳牌、多芬、麦斯威尔，创造了无数的市场奇迹。今天，奥格威的品牌观已经发展成奥美著名的策略工具"360度品牌管家"，也服务着众多中国企业。"中国正经历着全球有史以来最短时间内最大规模的品牌创建运动"（奥美集团亚太区董事长杨明皓语），回归品牌的本质而不是凭借广告的喧嚣创建品牌，应该是无数本土品牌理性选择后的思路。

奥格威出生于英国，创业于美国，1991年他所创办的奥美广告公司进入中国大陆市场的时候，奥格威已经隐居于法国的古堡。然而，这位苏格兰人却不可思议地跨越时空，成为20世纪90年代以来无数中国广告人的精神导师。刚刚过去的20世纪称得上广告大师的人并不少，他们或者给现代商业社会留下了成功且负盛名的顶尖广告公司，或者曾经在那些公司扮演过举足轻重的角色。为什么只有大卫·奥格威在中国获得了如此的地位？

一切还要追溯到《一个广告人的自白》。作为当年的广告新人和1995年以来全国首家广告专业书店的经营者，笔者可以说亲历了《一个广告人的自白》在中国大陆的绝大部分历史。那是一个不可复制，也不可重新假设的历史机缘——《一个广告人的自白》中文版首次出版的年代，20世纪90年代初，正是中国大陆广告业重新起步后一个狂飙突进、大批新人进入广告业的时期。我们没有大师，没有偶像，没有专业思想，也没有来自这个行业内部的精神动力。这个时候我们遇到了奥格威。奥格威巨细靡遗地讲述了他在广告行业获得成功和创作成功广告的全部经验，同时展示了一个人在广告行业所能获得的最大的成功，为年轻广告人树立了一个足以让人热血沸腾的终极目标。在这样的背景下，对所有人来说，奥格威已经不再是一个从来没有机会谋面的苏格兰人，一个令人高山仰止的全球性广告公司创办者，而是一个为我们打开广告之门、引领我们登堂入室、伴随我们职业生涯发展的亲切的前辈。

最后有必要谈一谈的就是奥格威的风格。他抽烟斗，用他客户的产品，痛恨广告上的"文学病"，说话撰文都毫无虚饰，时而富于煽动性，时而幽默，永远敏锐，必要的时候甚至尖刻得不留情面。在《一个广告人的自白》正文开始前，奥格威说："用第一人称这种旧式写法写这本书，我触犯了当代美国行为规约。可是，我认为，这本书是我的自白，在叙述我的经历时用我们，那是极不自然的。"这种坦率，就是奥格威的风格。在相当多的文字将简单问题复杂化的时代，《一个广告人的自白》也带给读者阅读商业类读物少有的轻松体验。

龙之媒广告文化书店创办人、"龙媒广告选书"总策划

高志宏、徐智明

为 1991 年中文版序

不久前我的同事、我们的亚洲区总裁利宜德先生要求我允许中国对外经济贸易广告协会翻译和在中华人民共和国出版我的《一个广告人的自白》一书。

我很高兴我的中国同事认为我的某些经验——成功的和不成功的——对发展他们的广告业有所裨益。这向我表明：中国人珍视别人的经验，赞成信息交流。这一点很恰当，因为广告本身就是传播信息的媒介。

此书于 1962 年写成，从那时以来，世界经历了急剧的变迁，广告所使用的生产技术也是一样。不过，我提出的原则仍然是有效的。

这期间，我在 1947 年创建的奥美广告公司，已经从纽约一个小小的创作铺子，成长为在包括中国在内的 53 个国家中有 278 个分支机构的世界最大的广告公司之一，这在很大程度上是由于遵循了这些指

一个广告人的自白
Confessions of
an Advertising Man

导原则。

这些广告原则和技术——我指的并不是生产方面的技术——大部分仍然在今天的市场上起作用。消费者购买的东西仍然是广告向他们允诺的那些值得花钱买下的东西，那些有营养、那些味道可口、那些秀美或是那些可消除头痛和别的什么病痛的东西，那些适合他们社会地位的东西。这在世界任何一个国家都一样正确。

然而，我谨请我的中国读者不要生搬硬套我在书中所举的例子。原则和技术可以放之四海而皆准，对原则和技术的解释和实施则会因各国的经济、社会和文化背景的差异而有所不同。而中国的经济、社会和文化背景在许多地方都是很独特的。

自从我们 1978 年进入中国市场，我们奥美广告公司就一直把帮助中国广告业的成长视为己任。这本书的出版是我们的承诺和与中国对外经济贸易广告协会的友谊的又一证明。

我们一起致力于一个共同的目标：为人民的福利和商业做出贡献而创作有效的广告。我对我在协会的朋友们为实现这个目标表现的奉献精神表示敬意和欢迎。

大卫·奥格威

David Ogilvy

本书背后的故事

写这些自白之前的15年，我来到纽约，创办了一家广告公司。美国人心想我疯了，一个苏格兰人懂什么广告？

我的公司在瞬息之间获得成功。

我1962年夏季休假期间写了这本书，把版权送给了我的儿子做21岁的生日礼物。我心想可以卖掉4 000册。令我吃惊的是，它成了一本脱缰之马似的畅销书，后来这本书被翻译成14种语言。到现在为止，已经售出了大约100万册。

我为什么要写它？首先，给我的广告公司招揽新客户；其次，检验我们的股份公开上市时候的市场条件；最后，提高我在生意圈子里的知名度。它做到了一箭三雕。

若是我今天来写它，我就不会那么轻率了，不会有那么多的吹摇，不会有那么多的教训口吻了。你会发现它充满了条条框框——做这个，做那个，别做其他的。广告人，特别是年轻的，对条条框框过敏。今天我就不会说："不要把文案排成阴式（黑底白字）的。"我会说："调查表明，你把文案排成阴式的，就没有人会读它。"我们这个社会赞同这种策略一些的说法。

我在奥美的同事大致采纳了我的方子，他们为一大批制造商推销了一大堆的产品，其结果是我们的公司现在发展成为我写这本书时候的6倍。我们现在不再只有1个办事处和19家客户，而有了300家客户和267个办事处，其中包括在美国的44个办事处。

我从陌生人那里接到信件，他们为了按照我在这本书里写到的那些建议戏剧性地改善了他们的销售而感谢我。我遇到了营销界的大腕，他们说，他们把他们事业的成功归功于在他们起步的时候读了我的《一个广告人的自白》。

我为我把在广告行业工作的人叫作"men"而抱歉。请记住，我是在25年前写它的，那时绝大部分都是"men"，今天绝大多数是"women"，谢天谢地。

要是你在这本书里嗅到一丝自负的臭气，我想让你知道，我的自负是有选择的。除开广告之外，我是一个可怜的笨蛋。我看不懂资产负债表，不会使用电脑，不会滑雪、不会打高尔夫，也不会画画儿。但是一说到广告，《广告时代》（*Advertising Age*）说我是"广告业的创意之王"。《财富》（Fortune）发表过一篇关于我的文章，把文章的题目定为："奥格威是个天才吗？"我要我的律师就那个问号起诉编辑。

后来没有多久，我成了一座"熄灭了的火山"，在公司"管理当局"里躲了起来。但是我被麦迪逊大街的喧嚣喂肥了，跑到了法国的中部，在那里搞点园艺——还用管闲事的备忘录来轰炸我的合伙人。

一般说来，我的方子——它们的绝大多数是以调查为依据的——在今天和在1962年一样有效，但是本书中有3个说法需要修正：

在第153页上，我写道："要是你的广告中包含有回单，你希望有最大的回报，那就要把它安排在最上面的中间。"今天这条不对了，把你的回单安排在底部的右边。

在第159页上，我写道："观众对电视广告的喜爱与受电视广告影响而决定购进某种商品之间并无必然的关联。"奥格威研究与发展中心近来的研究表明，观众喜欢的电视广告的销售力大于他们不喜欢的广告。

在第160页上，我建议读者把他的电视广告的解说词限制在每分钟90个字之内。今天大家知道的是，平均来说，每分钟200个字可以让你推销更多的产品。露天市场摆摊的懂得这一点，所以他们讲话很快。

关于电视广告的第8章是不够充分的。我只能用这样的借口，在1962年，在电视上什么有效什么没效，大家知道得很少。你可以在

1983年皇冠出版公司出版的我的《奥格威谈广告》①里找到后来的研究成果。

本书一点儿也没有说到企业文化，特别是广告公司的企业文化。1962年的时候，我根本没有听到过"企业文化"这个词，其他任何人也没有。

由于两位修习商贸的大学生，特伦斯·迪尔（Terence Deal）和艾伦·肯尼迪（Allen Kennedy）②，我们现在知道了"那些建立了使美国出名的企业的人们，都着迷地在他们的机构里创建强有力的文化。用形成价值观、塑造英雄、制定礼仪规范、建立文化网络等手段来培育自己独特的形象的企业是有优势的企业"。

现在，企业文化的观念已经不仅在美国，也在英国大大地深入人心了。弗朗西斯·凯恩克罗斯（Frances Cairncross）在《经济学人》（The Economist）上写道："成功的普遍特点是有意识的对企业文化的创建。"

一家最大的广告公司的领导最近对我说："奥美是世界上唯一一家有真正企业文化的广告公司。"可能是这一点，比其他任何方面，

---

① 简体中文版《奥格威谈广告》作为"龙媒广告选书"之一由机械工业出版社2003年5月出版。——编者注
② 两人曾合著《企业文化中的礼仪》一书。在20世纪80年代，前者是美国波士顿塞尔扣克联合有限公司的总裁，后者是范德比尔德大学教授。——译者注

更让我们与我们的竞争对手有了区别。我是这样看待我们的文化的：

我们的一些人在我们公司干了一辈子。我们该死心塌地地把它办成一个干工作的好地方。我们把这一点放在首位。

我们把我们的人当人看。他们有麻烦的时候——工作上、生病、酗酒等，我们帮他们的忙。

我们尽量让他们把他们的才能发挥到极致，我们把大量的时间和金钱投入培训之中——就像是一个实习医院。

我们的管理体系奇特、民主。我们不喜欢等级森严的官僚主义，也不喜欢恃强凌弱、欺软怕硬的状况。

我们给经营管理人员极大程度的自由和独立活动的余地。

我们喜欢举止文雅的人。我们奥美公司的纽约办事处每年都要颁发一次"文明敬业"奖。

我们喜欢论点诚实、对待客户诚实以及最重要的是对消费者诚实的人。

我们赞美工作勤奋、客观和认真的人。

我们厌恶办事要手腕、阿谀奉承、盛气凌人和浮夸炫耀的人。

我们讨厌粗暴。

攀登我们的阶梯的机会对所有的人都是公开的。我们没有任何偏见，包括宗教偏见、种族偏见或者性别偏见等。

我们厌恶裙带关系以及其他任何形式的徇私偏袒。在提拔员工到领导职务方面，我们对他们的性格以及其他条件都同样重视。

我们对客户提出的建议就是如果我们是他们公司的所有者也会提的，不论我们的利益如何。

客户要求广告公司的是上乘的广告活动。我们把创造性当作首要职责。

我们工作中的骄傲和神经质型的固执之间的界限是很小的。我们对客户决定使用什么广告绝不抱怨。钱是他们的。

我们的客户在许多国家里雇用我们。让他们知道他们可以从我们所有的办事处得到同样标准的服务是很重要的。这就是为什么我们要求我们的文化在全世界都是一样的。

我们注意在推销我们客户的产品时候做到不违反我们做生意的国家的风俗习惯。

我们注意保守机密。客户不欣赏泄露他们秘密的广告公司。他们也不喜欢一个广告公司把功劳都说成是自己的。抢客户的镜头是一种恶劣行为。

我们有一种令人发指的习惯，就是感知对我们的表现的不满，它是沾沾自喜的缓解剂。

我们这个延伸极广的企业是靠个人友谊的网络维系在一起的。我们在驾驶同一艘船。

我们喜欢报告和通讯写得很好，易读——而且简短。我们反对打伪学院腔，什么"attitudinal"（态度性）、"paradigms"（范例）、"demassification"（反集体）、"reconceptualize"（再概念化）、"suboptimal"（次最好的）、"symbiotic linkage"（共生联系）、"splinterization"（割裂）、"dimensionalization"（范围化）等等。〔卢瑟福勋爵①经常对卡文迪什研究所（The Cavendish Laboratory at Cambridge）他的工作人员说，如果他们不能对酒吧女郎讲清楚他们的物理，他们的物理就是蹩脚的物理。〕

经过疯狂的重复，我的那些"附言"已经被编织入我们的文化中了。这里是其中的一些：

1. 我们做广告是为了销售产品，否则就不是做广告。
2. 你不能让人因为对你不胜其烦才买你的产品，你要让他对你的产品感到有兴趣才买它。

---

① 欧内斯特·卢瑟福（Ernest Rutherford，1871~1937），英国物理学家，原子物理学的创始人之一。——译者注

3. 我们喜欢知识纪律，不喜欢无知的无政府状态。我们追求知识就像猪追求地下可食用的块茎一样。一头瞎猪有时可能拱到可食用的块茎，但是知道这样的块茎生长在栎树林子里是有好处的。

4. 我们雇用有头脑的绅士。

5. 消费者不是低能儿。她是你的妻子。别侮辱她的智能。

6. 除非你的策划包含有高明的点子，否则它会像一艘夜晚航行的船那样过去而无人知晓。（我怀疑100个策划中能有一个高明的点子。我被认为是一个丰产的高明点子的发明人，但是在我漫长的生涯中，我的高明点子也没有超过20个。）

7. 只做一流的业务，因此要用一流的方法。

8. 不要推出一个你不愿意你的家人看到的广告。

9. 到你的城市的所有公园里去找，你也找不到委员会的任何雕塑。

　　这本书一点儿没有讲到直销广告，就是请读者通过邮件直接从制造商那里订购产品的那种。写这类广告的人确切地知道他们卖出了多少产品，而那些写普通广告和写电视广告的人则不大知道；即使有人知道，为数也很少。市场组合中牵涉到的因素实在太多，例如竞争对手的削价交易、零售商的降价清货等等。

　　奇怪的是，在直销广告中最有效的技术很少用于普通广告——比如介绍产品的事实性的信息。

要是所有做广告的人都效法他们做直销广告的兄弟，他们一定可以推销得更多。每一个写广告文案的人，都应该在直销广告方面干上两年再开始他们的事业。对任何广告看上一眼，它就能告诉我们该文案的写作者是不是有那种经验。

四个问题

今天，广告业面临着四个具有危机性的问题。

第一个问题是，一向是广告业中流砥柱的包装货物类产品的制造商，现在花在打折销售上的钱是他们花在广告上的钱的两倍。他们用打折的办法获取销量，而不是使用广告来建立强有力的品牌。任何一个傻瓜蛋都可以搞削价，但是要创建一个品牌需要头脑和坚忍不拔。

一度有一个很受人欢迎的咖啡品牌叫蔡斯暨桑伯恩（Chase and Sanborn）。后来它的制造商开始了价格打折。他们打折上了瘾。今天，这个品牌哪里去了？完全死掉了。

听一听我1955年在芝加哥的一次演讲：

> 是敲响警钟的时候了，该警告那些把钱都花在打折销售上，而没有花钱来做广告建立品牌的制造商，他们的品牌会发生什么。

靠打折促销建立不起无法摧毁的形象，而只有无法摧毁的形象才能使你的品牌成为人们生活的一部分。

伦敦商学院的安德鲁·爱伦堡（Andrew Ehrenberg）有一个今天最好的营销头脑。他说削价的做法可以引诱人去尝试一个品牌，但他们还是会回到他们惯用的品牌上去，就像什么事情也没有发生过一样。

为什么有那么多的品牌经理会对打折销售上瘾？因为雇用他们的人只对鼻子底下的那点盈利感兴趣，为什么？因为他们对他们的股票期权比对他们公司的未来更感兴趣。

打折销售是"毒品"。问一问对"毒品"上瘾的品牌经理，当"毒品"带来的那种飘飘欲仙的感觉消失之后，他们的市场份额情形怎么样了，他就会把话题岔开；问他盈利是不是增加了，他又把话题岔开。

继承了前辈建立的品牌的商人们正把他们的品牌糟蹋殆尽。他们迟早会发现他们无法销售没有人听说过的品牌。品牌是他们继承的谷种，而他们正在把谷种吃掉。

这些砍价的蠢材也有想砍掉他们广告代理的服务费的习惯。那些就广告代理的报酬讨价还价的客户是拿着望远镜错误的那一头。他们不应该想方设法从广告代理的那15%里砍掉几个铜子，而是应该集中注意力让他们花在时间和版面上的那85%多带来销售效益。杠杆作用是在这里。没有任何制造商是因为克扣给广告代理商的报酬而发财的。你抛出去的是花生，引来的是猴子。

第二个问题是，广告公司特别是英国、法国和美国的，今天受到把广告看成是一种前卫艺术形式的人的骚扰。他们一生里什么也没有卖出去；他们的野心是获得戛纳广告节的奖项；他们诱骗不幸的客户一年花几百万来让他们展示他们的独创性；他们对他们宣传的产品不感兴趣，还认为消费者也不，所以，他们几乎一点儿不提产品的优点。他们充其量是些让人找乐的人，而且是很蹩脚的。他们很多是艺术指导，这样的人，由于他们的头脑是视觉性的，自己从来不读文字，所以也把我写的文案弄得让消费者无法读。最近，我在一次午餐会上听到一位愤怒的制造商把这些自命不凡的蠢材叫作装模作样的娘娘腔。按照我受到的教育，要是我没有花5年时间挨门挨户地推销炊具的经验的话，今天我也会落进这个陷阱里去的。一日经商，终生行商。

第三个问题是，夸大狂的出现。夸大狂们的头脑结构更倾向于财经，而不是创造。让他们的客户惊愕的是，他们用买下其他广告公司的方式来建立他们的帝国。

第四个问题是，广告公司依然在浪费他们客户的钱来重复犯同样的错误。我最近在一本德国杂志上数到了49个用阴式办法做的广告；多年前的调查就表明了，阴式广告读起来非常吃力。

在一次10个小时的火车旅行中,我读了3本杂志里的广告。它们大多数违反了我多年以前就发现,并且在本书里提出来的基本原则。创作这些广告的文案撰稿人和艺术指导都是些无知的票友。

是什么使他们失于研究经验?是广告不吸引喜欢问为什么的头脑吗?还是他们根本抓不住任何类别的科学方法?是不是因为他们害怕那些知识会把一些规则强加给他们,或者让他们的不称职曝光?

我的最后愿望和留言

我的职业生涯开始于在普林斯顿随伟大的盖洛普博士①做调查工作。之后我当上了广告文案撰稿人,据我所知,我是唯一一个从干调查起家的"创意高手"。这个事实使我总是以一个调查人员的眼光来审视创意工作。这些是我学到的最宝贵的经验:

1. 创作成功的广告是一门手艺,一部分靠灵感,但是基本上是靠知识和勤奋。如果你具备一定的天赋,而且知道什么技术对收银机有作用,那你就能长久地干下去。
2. 去逗人乐而不是去销售的诱惑,是一种接触传染病。

---

① 乔治·盖洛普(George Gallup),美国著名统计学者,市场调查及民意测验专家,美国盖洛普民意测验及市场调查公司的创建人。——译者注

3. 一个广告和另外一个广告之间的差异是用销售力的尺度来衡量的,它可以是 19∶1。

4. 在你动手写你的广告之前,先研究产品是值得的。

5. 成功的关键在于允诺给消费者好处——诸如更好的味道、清洗得更白、每一加仑可以多跑些路、肤色更好等。

6. 绝大多数广告的职责不是劝说人们来试用你的产品,而是劝说他们在日常生活中比使用其他品牌产品更多地使用你的产品(谢谢你,安德鲁·爱伦堡)。

7. 在一个国家里有效的方法,几乎总在其他国家也有效。

8. 杂志编辑是比干广告的人更好的传播人员,拷贝他们的技术。

9. 大部分广告方案都太复杂,它们反映了太多目标,而且试图迎合太多客户主管的不同看法。企图涵盖太多的东西,就什么事也成不了,这样的广告看上去就像是一个委员会的会议记录。

10. 不要让男人写妇女们购买的产品的广告。

11. 好广告可以使用多年而不会丧失销售力。我为哈撒威(Hathaway)衬衫做的戴眼罩的男人的广告就使用了 21 年,我为多芬(Dove)香皂做的广告使用了 31 年,而且多芬现在是最畅销的。

一日经商,终生行商。

大卫·奥格威

1988 年

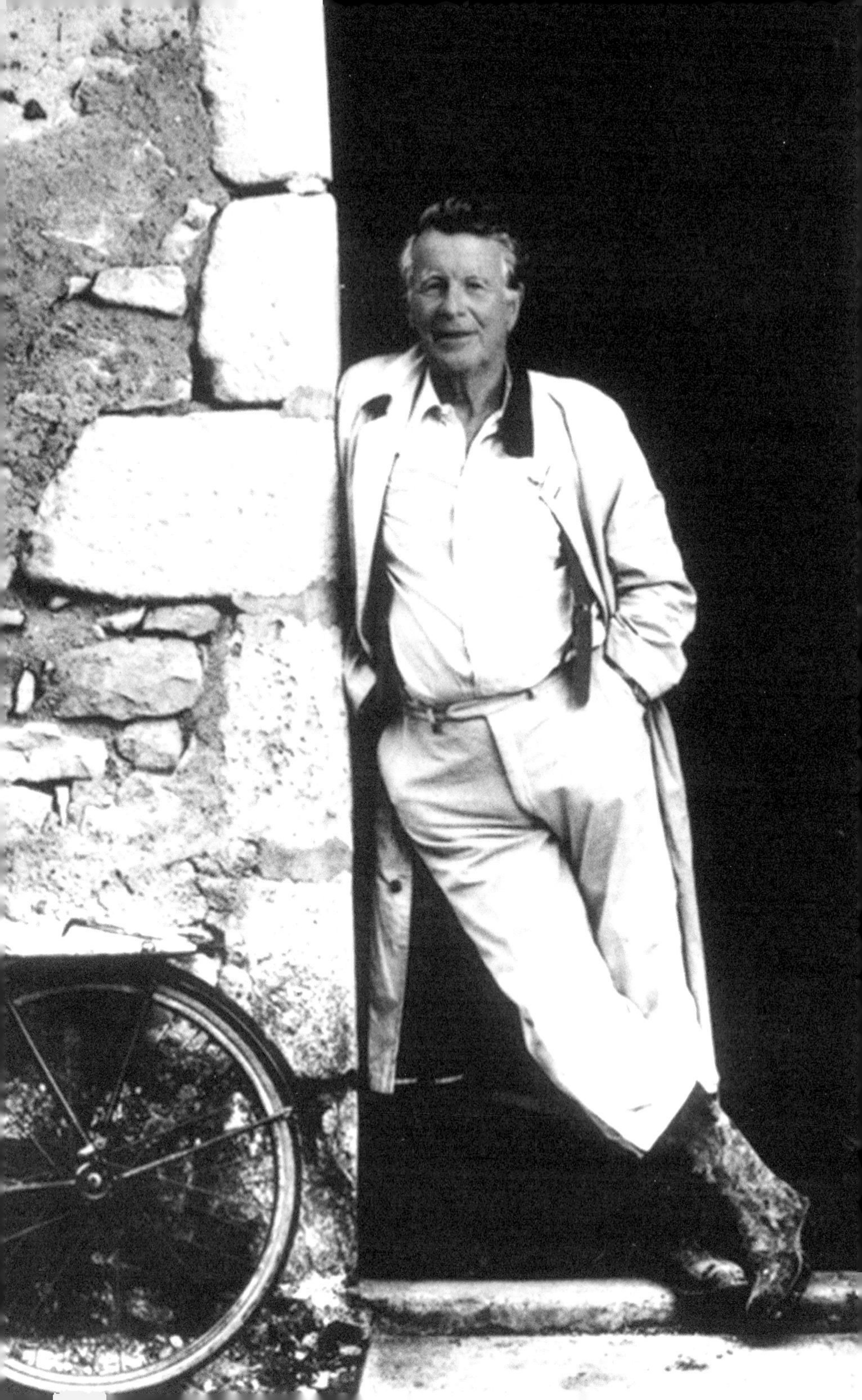

背景

童年时代,我在刘易斯·卡罗尔①的吉尔福德故居生活居住。我父亲是讲盖尔语的高地人②,我很崇敬他。他是一位研究古典著作的学者,还是个顽固不化的不可知论者。有一天,他发觉我已经瞒着家人进教堂了。

"我的老儿子,你怎么受得了那些胡说八道?那些瞎扯对佣人还

---

① 刘易斯·卡罗尔(Lewis Carroll),查尔斯·勒特威奇·道奇森(Charles Lutwidge Dodgeson, 1832~1898)的笔名,英国数学教员,但以小说出名。他的儿童读物《爱丽丝漫游奇境》是世界名著。20 世纪 30 年代已被拍摄成影片,享誉世界。——译者注
② 居住在爱尔兰、苏格兰、曼岛的凯尔特人的后裔为盖尔人。苏格兰是英国的组成地区之一,除中部外,苏格兰大部为山岳高地,居住在山岳地带的苏格兰人一般都被称为高地人。——译者注

合适，可是，对有教养的人就算不上什么。绅士并不一定非是基督徒不可！"

我母亲是位漂亮的爱尔兰人，脾气有些古怪。她不立我为财产继承人，理由是，不要她的帮助我就能挣到许多钱，多到我花不完的程度。我不能不承认她是对的。

9岁那年，我被送进伊斯特博恩的多特男童学校（Dotheboys Hall）住读。校长这样评价我："他有过人的创见，爱和老师辩嘴，想说服老师承认他是对的，而书本则是不对的；不过这也许更证明他的确有过人的独创能力。"我说，拿破仑可能是荷兰人，因为他的哥哥是荷兰君主。校长夫人为了这一点没有让我吃晚饭就勒令我上床睡觉。我在《错误的喜剧》里饰僧人，她为我穿僧袍的时候，我用不合她心意的声调背诵我的开场白，她就揪住我的腮帮子把我掼到地上。

13岁时我进了费特学校（Fettes），这里的那种极严格的斯巴达式纪律是我叔祖父、苏格兰最伟大的法学家英格利斯（Inglis）大法官定下的。我在这所著名学校里结交的朋友中有伊恩·麦克劳德、尼尔·麦克弗森、诺克斯·坎宁安和几位后来成了国会议员的人。在教员里面，我记得亨利·哈弗格尔，这位先生鼓励我学大提琴；我还记得一面教历史一面写了《1066年琐记》的沃尔特·塞勒。

在牛津，我出尽了丑。历史学家基思·费林（Keith Feiling）在基督学院（Christ Church）给了我一笔奖学金，帕特里克·戈登-沃克（Partick Gordon-Walker）、洛伊·哈罗德（Roy Harrod）、罗素（A. S. Russell）以及其他教授给了我许多帮助。但是，我的心丝毫不在学习上，最终被除名。

1931年，经济衰退到了谷底。在其后的17年里，我的朋友先后功成名就，当了医生、律师、政府官员和政界人物，而我却在世上游荡，没有明确的目标。我在巴黎当过厨师，当过挨门串户的推销员，做过爱丁堡贫民区社会慈善事业的工作人员，协助盖洛普博士研究过电影工业，当过威廉·斯蒂芬森爵士（Sir William Stephenson）英国安全协调署的助手，还在宾夕法尼亚当过农民。

童年时代，我崇拜的英雄是劳合·乔治①，我打算长大了当首相。但是，我最终却落在麦迪逊大道②，成了一名广告代理商。我的19家客户现在的营业额已经比女皇陛下政府的收入还要高。

马克斯·比尔博姆③一次对贝尔曼（S. N. Behrman）说："假若我

---

① 劳合·乔治（David Lloyd George, 1863～1945），英国自由党人，政治家，曾任首相。——译者注
② 麦迪逊大道，纽约曼哈顿区的一条著名大街；美国许多广告公司的总部都集中在这条街上，因此这条街逐渐成了美国广告业的代名词。——译者注
③ 马克斯·比尔博姆（Sir Max Beerbohm, 1872～1956），英国漫画家和讽刺作家。——译者注

得到一大笔钱，我就要在所有的大报上发动一个大规模的广告运动。广告用特大号字印出——只有一句短话，是我听一位当丈夫的对他妻子说的，'亲爱的，世界上什么东西都不值得买'。"

　　我的态度恰好相反。我想买我从广告上看到的所有的东西。我父亲常说，某某东西"广告上说得头头是道"。我毕生都在广告上说这产品好、那产品好。我希望你能从买东西里得到和我在为这些产品做广告时所得到的同样多的乐趣。

　　用第一人称这种旧式写法写这本书，我触犯了当代美国行为规约。可是，我认为，这本书是我的自白，在叙述我的经历时用我们，那是极不自然的。

大卫·奥格威

于马萨诸塞州伊普斯威治

第一章
怎样经营广告公司

David Ogilvy

经营广告公司和经营其他从事创造性业务的机构如实验室、杂志社、建筑师事务所、餐馆都一样。

30年前,我在巴黎美琪饭店当厨师。"亭阁"的亨利·索莱告诉我,可能再没有比它更好的餐馆了。

我们这帮厨师总共有37人。我们拼命地工作,一周干63个小时——那时我们还没有工会。从早到晚,个个汗流浃背,在喧嚣咒骂声中忙碌地操作。每个男子汉都有同样的抱负:要把饭菜做得比别的任何厨师做得都好。我们这支小小队伍的精神真像是从海军那里学来的。

我总以为,要是我弄清了我们厨房里的领班皮塔先生是怎么样把这种狂热的士气鼓动起来的,我也可以把同样的领导艺术用到经营我的广告公司上。

先从这里说起。我们都清楚，他在我们这一伙人里是最棒的厨师。作为领导，他不得不把他的大部分时间用来安排菜谱、检查单据、订购材料，可是每个星期他总有一次要从厨房中央他那有玻璃墙的办公室里走出来，认真地做点儿菜。我们大伙总是围上去看，他的高超手艺真把我们都镇住了。跟一位技艺高超的大师在一起工作，是很能受到鼓舞的。

（效仿皮塔师傅的榜样，我偶尔也亲自动手撰写广告，以提醒我的文案撰稿人队伍，我的手写出来的东西还是管用的。）

皮塔先生严厉无比，我们对他怕得要死。这位大人物，坐在他的玻璃笼子里，象征着最高的权威。我每出点儿差错，都要抬头望望他，看他那锐利的鹰眼是否看到了。

厨师就像文案撰稿人一样，在巨大的压力下工作，会很急躁，常常和人争吵。我想，要是我们的领班是个老好人，恐怕我们之间的争执早就演变成大战了。我们的汤羹师傅布吉尼翁先生对我说，厨师一到40岁，不死也快疯了。一天晚上，我们的配汤师傅把47个生鸡蛋一股脑儿地从厨房一侧朝我头上扔了过来，9个打中了我的头。因为我想在他的汤锅里捞骨头给一位很有身份的客人的小卷毛狗，惹他大发雷霆。这叫我懂得了布吉尼翁先生的话是什么意思了。

我们的糕点师傅也怪得出奇。每天晚上离开厨房的时候，他总要在他的高帽子里塞上一只鸡。他去度假的时候，还要我往他的长内裤的裤筒里塞两打桃子。可是，英国国王和王后在凡尔赛宫举行国宴那天，这个混蛋倒是压倒了法国所有的糕点师傅，被选去做装饰餐桌用的糖篮子和餐后小甜点。

皮塔先生很少夸奖人，谁要是得到他一次夸奖，谁就会高兴得忘乎所以。法国总统来美琪饭店出席宴会时，我们厨房里的气氛就会像通了电一样。有一次碰上这样一个难忘的盛会，我被分配用白色的浓汁浇田鸡腿，在每只田鸡腿上盖上一片很好看的山萝卜叶做装饰。突然，我意识到皮塔先生站在我的身后看我操作。我紧张得不得了，两条腿直发颤，手也在发抖。他从他那浆洗得白白的帽子的檐儿上取下铅笔，举得高高地挥动了几下，招呼大家靠拢过来。他指着田鸡腿慢条斯理温和地说："就得这么干。"一言之褒，我真是心甘情愿一辈子为他当牛做马了。

（今天，我也像皮塔先生那样，很少夸奖我的部属，希望他们会比受到没完没了的夸奖更懂得受到赞扬的可贵。）

皮塔先生还让我们见识大场面，以增强我们的使命感。有一天晚上，我负责做一道罗斯柴尔德甜点（用了3种烈酒），他带我到餐厅的门边，叫我看法国总统保罗·杜美是怎么吃这道点心的。3个星期之后，1932年5月7日，杜美死了[1]。

---

[1] 不是因为吃了我做的甜点，而是中了一个俄国人的子弹。

（我发现，这种使命感是很能鼓舞士气的。当我公司里的人遇到大事，危机感逼着他们的时候，也干劲冲天，而且可以在几个星期里持续保持着高昂的情绪。）

皮塔先生对不称职的人很不能容忍。他知道，和不称职、吊儿郎当的人在一起干活，专业人员的士气就会受到影响，甚至被瓦解。我见过他在一个月内开除掉3个人，原因都一样：他们连把酸奶卷的顶子做得均均匀匀都不会。格拉德斯通①先生一定会对这种近似无情的严格大加赞赏的。按他的说法，"为首相之道，首在不留情面，把无能的官员撤掉"。

皮塔先生教我严格遵守服务标准。譬如，有一次他听我对一位餐厅服务员说，我们的某一道时菜卖完了。为了这个，他差一点儿把我辞掉。他说，在有声望的大饭店里，人人都应该万分重视菜谱上是怎么允诺顾客的。我说，烧这道菜很费时间，顾客是不会等着我们现做这道菜的。那道菜也许是我们的名菜烤大米鲑鱼（这是一道复杂的大米焖鱼，用的材料有鳕鱼骨髓、小麦粉、鲑鱼肉、蘑菇、洋葱和大米。把这些材料调成稠糊烤50分钟才成），也许是更复杂的卡罗利馅饼（这道菜是在小面饼里包上山鸡杂酱，放在香槟酒里焖烧，然后涂

---

① 威廉·尤尔特·格拉德斯通（William Ewart Gladstone，1809~1898），英国政治家，曾任首相。——译者注

上一层棕黄色的巧克力汁，再浇上果冻）。时间太久，我记得不太清楚了。不过我却确切地记得皮塔对我说："下次你要是发现我们的什么时菜卖光了，就来告诉我。我会打电话给别的饭店，找到菜谱上有我们这道菜的地方，然后叫出租汽车送你去买些回来。再不要对服务员说我们的什么什么菜卖光了。"

（今天要是奥美公司有谁对客户说我们不能按我们答应交货的那天完成应该做出的广告，我会大发其火的。在第一流的企业里，一定要信守诺言，不管要费多少神，加多少班。）

我加入皮塔先生的班底不久，就碰到一个父亲和教师都没有为我准备答案的道德问题。管食品库的帅傅派我送已经有异味的小牛杂碎给烧汤的师傅，我知道，顾客吃了这种变了质的东西恐怕命都会送掉。我对食品库的师傅说不能这样做，可是他坚持要我照他的话办。他知道，如果皮塔先生晓得新鲜牛杂碎已经用光了，那他的日子就不好过。我该怎么办？按我从小受过的熏陶，打小报告是不光彩的。但是我却这么干了。我把有异味的牛杂碎拿给皮塔先生闻。他一句话没有讲，找到了管食品库的师傅，辞掉了他。这可怜的家伙不得不马上卷铺盖。

在《巴黎和伦敦内外》（*Down and Out in Paris and London*）这本书里，乔治·奥威尔（George Orwell）对世人说，法国的饭店厨房很脏。他肯定从来没有在美琪饭店干过。皮塔先生对厨房清洁要求极为严格。我每天两次用很锐利的刨子刨厨案的木面。每天两次刷洗地板，撒上干净的锯末。每个星期都有专人检查厨房，清除蟑螂。每天早晨都发干净的工作服给我们穿。

（今天，我严格要求我的职员保持他们办公桌的整洁。乱七八糟的办公室会产生一种懒散的气氛，使机密文件容易丢失。）

我们厨师的工资低得可怜，但皮塔先生却从供货人那里得到很多很多佣金，供他在豪华别墅过日子。他从不向我们隐瞒他有钱，他坐出租汽车上班，手拿一根包金头的手杖，下班后衣着考究，简直就像一位国际银行巨头。这种炫耀特权的做法，激励我们向他看齐的雄心。

不朽的奥古斯特·埃斯卡菲尔有相同的想法。第一次世界大战前，他在伦敦卡尔顿饭店任调味厨师的时候，总是身穿灰色大氅、头戴高帽，乘四马大车去德比看赛马。在我们美琪饭店一帮厨师的眼里，埃斯卡菲尔的《烹调指南》还是绝对权威。每当我们为配菜争不出所以然的时候，他的《烹调指南》就成了最后裁决的依据。他去世前不久，还过着隐退的生活，有一天来到我们厨房吃中饭，那简直就像勃拉姆斯和爱乐乐团的音乐师们共进午餐一样轰动。

在午餐和晚餐这两段营业时间，皮塔先生总守在厨师把菜肴递交给餐厅服务员的那个地方的柜台前。每一道菜送离厨房前他都要检查。有时他让把菜退给厨师再加工。他还总是提醒我们，盘子里不要盛得过多,"小心浪费!"——他要让美琪饭店有利可图。

(今天我们每一个广告方案,在送给客户前,我都要亲自察看,其中好些被我退回加工。我赞同皮塔先生对盈利所持的热情。)

皮塔先生的领导艺术诸因素中给我印象最深的地方也许要数他的勤劳。一个星期63个小时俯身火红的烤炉之前搞得我疲惫不堪。工休的那天,我必须躺在草坪上望天空养息。可是,皮塔先生一个星期要工作77小时,两个星期才休息一天。

(我今天的日程也就是这样。我想,如果我比我的雇员们工作的时间更长,他们就不大会拒绝加班加点。一个新近脱离我的公司的经理在给我的告别信里这样写道:"你在把准备工作带回家去千方面给大家树立了榜样。星期六的夜晚,我们在你家旁的花园里玩乐消遣4个小时,而你却在窗前伏案一丝不苟地干你带回家去做的工作。这是多么不协调的事。不需要用语言,你的身体力行影响了我们。")

在美琪饭店我还学到些别的东西,如果你能让你的客户感到你是不可或缺的,你就永远保住了你的工作。我们最重要的一位顾客,一位美国太太,在我们饭店包了一套7间房子的套间。她按节食要求进餐,主食是烤苹果。有一天,她威胁说,要是我们给她烤的苹果不是非常饱满的,她就要搬到里茨饭店去。我想了一个把两个苹果烤成一个的办法。先把苹果肉捣碎过筛,除净果核渣,然后把两个苹果的肉镶在一个苹果的皮里。结果就烤出了我们这位客户从来没有见过的丰美苹果，但她却没有料到这份烤苹果的卡路里含量大大超过了她的节食配方的规定。后来她传话到我们厨房来，说烤这道苹果的厨师不能撤换。

我最要好的朋友是一位年事略高的阿根廷人，他长得酷似已故的查尔斯·柏林厄姆。他记忆中最为乐道的事，是他见过爱德华七世（世人称他为"爱抚者爱德华"）。在马克西姆饭店喝完两瓶称心的酒后，爱德华雍容缓步，飘飘然却又威严地穿过人行道走向他的四轮马车。这位朋友是共产党，可是却没有人在乎。大伙儿倒是对我的国籍的印象更深些，在法国饭店厨房里有苏格兰人，就和在麦迪逊大道有苏格兰人一样罕见。我的厨师同事中有的听说过我的祖辈高地人的故事，给我取了个"野蛮人"的绰号。

我来到麦迪逊大道以后，就更加野蛮了。经营广告公司可不是花天酒地。干了14年之后，我的结论是，最高领导人的最主要的职责在于创造一种让有创作才华的人有用武之地的气氛。威廉·门宁格博士曾以深邃的洞察力描述了其中之艰难：

> 在广告业若要成功，你必须招募一批有创造力的人。这就是说要有相当一批敏感、聪颖、奇特而不受清规戒律约束的人。
>
> 就像大多数医生一样，一星期7天，不分昼夜，你随时

得去应诊。广告公司各层次的主管，受到业务和客户的重大压力，而他们又去压创作人员，结果弄得大家都心力交瘁。

广告公司雇员还有一个特别的问题，每个人都在仔细地观察别人，看自己是不是先于别人有了地毯，先于别人有了助手，或者先于别人额外多得了点钱。倒不是他们看重那块地毯、在乎有个助手或是几个钱，而是这些事都表示着他们是"受到爸爸宠爱的"。

经理不可避免地是爸爸式的人物。要当个好爸爸，不论是当自己子女的还是当下属的，都要求他能理解人、体谅人、有人情味而且招人喜欢。

我们公司开创之初，我和每个雇员朝夕相处，感情的交流很容易。但是随着队伍越来越大，交流感情就困难多了。对一个连我的面都没有见过的人，我怎么可能像他爸爸呢？我的公司现在有男女职员497位。我了解到，他们每人平均有100个朋友，总共4.97万人。如果我把奥美公司的经营方针、理想和雄心告诉我的职员，他们又转告给他们的朋友，那么就会有4.97万人知道奥美是一家什么样的公司了。

所以，我每年一次把全体职工召集到现代艺术博物馆的礼堂里，坦率地向他们报告公司的经营和收益等情况。然后我告诉他们我欣赏的是什么样的行为。我这样说：

1. 我欣赏刻苦工作、能啃硬骨头的人。我不喜欢上了船但却不肯尽本分的过客。工作超量比工作量不足更为有趣。刻苦工作中包含有经济收益。努力工作的人越多，我们的盈利也就越多。盈利越多，我们大家能得到的钱也就越多。

2. 我欣赏有头等头脑的人。缺少有头脑的人，就无法把广告公司经营为优秀的公司。但是，单有头脑还不够，头脑必须与富于理智的诚实相结合。

3. 我有一条绝不容违反的规定，即不任用职工的亲属和配偶，这种人招惹是非。公司的一男一女结为夫妻，其中一人就必须离开——最好是女方回家去照顾孩子。

4. 我欣赏满腔热忱工作的人。如果你不喜欢你干的工作，我劝你另谋高就。记住苏格兰的谚语："活着，就要快快乐乐，要知道，人一死就再不能寻求快乐。"

5. 我看不起对上司钻营、阿谀奉承的人，一般说来，正是这种人对自己的下属专横跋扈。

6. 我欣赏有自信心的专业人员，欣赏以高超技艺尽职尽责的工艺家。这些人都尊重同事们的专业技能。他们不做欺世盗名之事。

7. 我敬佩那种愿意任用有能力、将来可以接替自己的优秀下属的人。总觉得自身岌岌可危，只得任用庸才以自保的主管，我觉得很可怜。

8. 我尊敬那些注意培养属员的人，因为这是我们唯一能从内部提拔人才的途径。我讨厌从外面物色人选来公司担任要职。我期待有朝一日这种事情在我们公司完全不再必要。

9. 我欣赏举止文雅的人，他们待人富于人情味。我讨厌喋喋不休、爱打笔墨官司的人。保持和睦的最好办法是真诚。记住布莱克的话：

> 我生朋友的气；
> 我坦诚吐露，气随之而消。
> 我对敌人恼怒；
> 我丝毫不露，怒气随之而增。

10. 我钦佩工作组织严密、准时完成任务的人。威灵顿公爵从不在办完当日所有工作之前回家。

在向职员讲完了我对他们的期望以后，我又告诉他们我对自己的要求：

1. 我尽量做到公正、坚定，即使要做出的决定不得人心，我也坚定不移。我尽力创造稳定的气氛，多听少说。

2. 我尽量保持公司蓬勃的朝气——保持公司的激情、活力、向前闯的劲头。

3. 我尽量争取新的客户来发展壮大公司（讲到这一点的时候，我的听众都仰起脸，就像雏鸟等待爸爸来喂自己一样）。
4. 我尽量争取客户们的最大信任。
5. 我争取获得更多的盈利，以使大家在年老时不致过贫困的日子。
6. 我制定方针和政策时，要深谋远虑。
7. 我尽量在各个层次上都任用最高水平的人，使我们成为同业中人才济济的广告公司。
8. 我尽量使公司男女职工的才能都得以充分发挥出来。

经营一家广告公司需要活力和足够的应变能力，这样即使失败也能很快站立起来。对自己的忠实伙伴要有热爱之情，能宽容他们的过失，有化敌为友的才能，有抓住良机的敏锐目光，还要有道德——如果下属发现他们的上司有无原则的机会主义行为，这对整个广告公司的士气将是极大的打击。

最重要的是，公司的领导必须懂得如何分配任务，把权力层层下放。这一点，说起来容易，但做起来却不简单。客户不愿广告公司委派较低层次的职员处理他们所委托的业务，就像病人不愿医生把他们交给见习医生照料一样。

我的看法是，有些大广告公司把具体业务分配到很低的层次去，这就做得太过分了。上头的人整天埋头行政事务，而让低级职员和客户打交道，这种做法虽然可以建立大广告公司，但却会导致公司的表现平庸无特色。

我无主持庞大官僚机构的雄心。我们只有19家客户的原因就在这里。追求最高质量没有追求宏大规模那么有利可图，但却会给客户提供更令人满意的服务。

实行权力下放，把客户委托给专人管理，常常需要在领导人和下层职员中间设置代表，这会导致领导人和下层之间产生隔膜。这时，雇员就会感到自己像个被母亲托给保姆照顾的孩子。但当他们觉得他们的老保姆比母亲更有耐心、更容易接近、更有专业能力时，他们就愿意承受这种母子分离了。

作为公司的领导，我的成与败取决于我是否能够发掘胸中充满火一样热忱的、杰出的创作人才。创造性已经成为心理学家正式研究的课题。如果他们能确切讲清有创造性的人的特征，请他们不妨给我一套供挑选有杰出创造潜质的青年的心理测试题。加利福尼亚大学性格评价研究所（the University of California's Institute of Personality Assessment）的弗朗克·巴伦博士（Dr. Frank Barron）在这方面的研究有了可喜的成绩，他的结论正符合我个人的观察：

> 有创造力的人都特别敏于观察，他们比别的人更重视准确、能说明真理的观察。

他们常常表达部分真理，但是方式是很生动的；他们所表达的部分真理，通常是未被正视的；他们以换置重点或不均衡陈述的方式来指明那些往往被人忽视的事实。

他们对事物的看法和感受与常人相同，也异于常人。

他们天生头脑发达，他们有更多的能力同时抓住许多概念，能对它们进行比较——从而能做出更丰富的综合。

他们禀赋异常，活力充沛，身心健旺。

他们的内心世界绚丽多彩，过着更加多样化的生活。

他们比常人更能接触潜意识生活（幻想、梦幻、想象世界）①。

在等待巴伦博士及其同事把他们的临床观察综合成正式的心理测试的同时，我不得不依靠那一套老方法，凭经验发掘具有伟大创作力的英才。每当我看到一幅好广告或者一段好的电视广告片，我总要查清是谁创作的。然后我和他通电话，向他表示祝贺。据调查，有创造力的人更喜欢在奥美公司工作。因此，我的电话常常会产生招贤的作用，引人申请来奥美公司工作。

然后，我请申请人提交6份他创作的最好的广告。这样做通常可

---

① 见弗朗克·巴伦《想象的心理学》，《科学美国》，1958年9月。

以使我们弄清楚，他是真有辨别好广告的能力，还是只不过是一位卓越创作总监的工具而已。有时我去所物色的对象的家中探访，跨进门10分钟，我就可以说出，他是不是才华横溢，他的品位如何，他是否乐于承受压力。

每年我们接到数以万计的申请。我对中西部来的申请特别感兴趣。我宁愿雇用来自中西部小镇的有抱负的年轻人，而不愿雇用身价高昂的从麦迪逊大道某家新潮广告公司浮游出来的人。每当我看到这些衣冠楚楚、冷漠挑剔、毫无内蕴的家伙时，我便会想起罗伊·坎贝尔在《关于一些南非小说家》中说的：

你赞扬他们用笔严谨，
我当然同意。
金鞍紫缰原本无可非议，
可是血肉之躯的马又在何方。

我特别注重来自西欧的应聘人。我们有好几位一流的文案撰稿人是欧洲人。他们有很好的教养，工作勤恳，比较开明，在对待美国客户方面也比较客观。

广告是文字性的行业，但在广告公司里却充斥着不能写作的男女。他们不会写广告，也不会做广告策划。他们就像大都会歌剧院舞台上的聋哑人那样无用。

今天的商业社会要求杰出的广告，但大多数的广告却枯燥乏味得惊人，能创作杰出广告的人却被摒诸门外。这种令人痛心的现象，我认为应归咎于广告公司和广告客户的保守态度。阿尔伯特·拉斯克尔[①]经营广告赚了5 000万美元，原因之一就是他容忍得了约翰·肯尼迪、克劳德·霍普金斯和弗兰克·赫默特这样一辈卓越文案撰稿人的傲慢态度。

一些执牛耳的广告公司现在都由第二代当家人经营了。他们之所

[①] 奥格威在这里提到的几个人都是美国20世纪的著名广告人。阿尔伯特·拉斯克尔（Albert Lasker）先是洛德暨托马斯广告公司（Lord & Thomas）的文案撰稿人，后成为该公司的董事长。由于他领导有方，洛德暨托马斯一直兴盛，直至今天，这家公司（已改名为FCB广告公司）仍然是国际重要的大广告公司。他的传记《不做总统就做广告人》讲述了他众多的广告行业创新和创意。约翰·肯尼迪（John Kennedy）是20世纪前期美国最有影响的文案撰稿人，他为广告定下了"纸上推销员"的著名定义。弗兰克·赫默特（Frank Hummert）进入洛德暨托马斯公司略晚。他先是克劳德·霍普金斯的助手，后来与别人合伙自建了广告公司。赫默特是美国20世纪20年代起特别风行的广播肥皂剧的创始人。在本书中奥格威7次提到克劳德·霍普金斯（Claude Hopkins, 1862～1932），足见他对霍普金斯的重视。霍普金斯早年曾在一家地毯清洗公司任出纳兼推销员，他在推销中表现出很高的才能，后来曾做独立的文案撰稿人。1908年拉斯克尔高薪聘请他到洛德暨托马斯公司工作，他在该公司撰稿18年。这家公司的成就与霍普金斯的苦干密切关联。霍普金斯发展了约翰·肯尼迪的情理广告，成为"情理派"的代表人物。他说，广告之于商品，犹如戏剧之于人生，它既是商品，又高于商品。他写过无数著名文案，使不少商品成为名牌。他的著作《科学的广告》一书是美国修习广告的学生的必读书。——译者注

以能爬到领导层，是因为他们温文尔雅、对人圆滑，但这可不是创作高质量广告的要素。可悲的事实是，尽管现代的广告公司设备精良，但广告却不像拉斯克尔和霍普金斯在草创时代创作的广告那样有效。我们的事业需要大量注入天才。而天才，我以为最可能从那些不受清规戒律约束、持独特见解、略带反叛性格的人中发掘出来。

不久以前，芝加哥大学邀请我去参加一个关于创作性组织的研讨会。与会的大部分人是有造诣、以研究他们所称的"创作性"为己任的心理学教授。我的感觉就像孕妇出席妇科医生大会一样。我告诉他们我从领导一个73人的创作部门的经历中，学到的对创作过程的理解。

创作过程要求的不只是理性。大多数独创的构思甚至无法用文字来表达，是不可言传的。它是"一种意念，受制于直觉，受潜意识启发，经过不断地探索和实验产生"。大多数生意人都不能做独创性的思考，因为他们不能摆脱理性的桎梏。他们的想象力被束缚住了。

我几乎无逻辑性思考的能力，但我和潜意识的联系却畅通，以从不同的领域中获得灵感，创出新的意念。我听过大量的音乐，很喜欢约翰·巴利科恩的作品。我长时间地进行热水浴。我从事园艺活动。我常和门诺教派的神职人员一起静修。我观察鸟类。我常常散步乡间。我经常度假，休息头脑——没有高尔夫、没有鸡尾酒会、没有网球、没有桥牌、没有牵挂，有的只是一辆自行车。

在这样无所事事的时刻,我的潜意识长流不断地给我传来信息。这些都成了我创作广告的意念素材。可是这还不够,还要有刻苦的工作精神、开放的头脑和不受任何限制的好奇心。

人类的许多伟大创举是由利欲激发而实现的。亨德尔(George Frederick Handel)生活拮据的时候,闭门谢客21天,写成了完整的《弥赛亚》,名利双收。《弥赛亚》里的主题很少是现成创作的,而是亨德尔用长期积累在自己潜意识里的乐素发挥而得,这些乐素或者是他在听别的作曲家的音乐时产生的,或者是他早先在创作别的歌剧时得到的。

一次在卡内基音乐厅的音乐会结束时,沃尔特·达姆罗施①问拉赫玛尼诺夫②,在演奏协奏曲时朝听众望去的时候,他脑海中闪过的崇高念头是什么。"我在数大厅里的人数。"拉赫玛尼诺夫这样说。

如果给牛津大学学生按劳付酬,我早该以治学奇才而当上了钦定的现代史教授了。我在麦迪逊大道享受了赚钱的乐趣,这才开始认真工作起来。

在现代商业世界里,除非你能把你所创作的东西卖出去,否则,

---

① 沃尔特·达姆罗施(Walter Damrosch,1862~1950),美籍德国作曲家和指挥家。——译者注
② 拉赫玛尼诺夫(Rachmaninoff,1873~1943),俄国作曲家、钢琴家,主要作品有《第二钢琴协奏曲》等,十月革命后定居美国。——译者注

创作、独具匠心都是毫无价值的。领导层的人不会贸然接受一个好的创意，除非有一位精明的推销员向他们推荐，剖析陈述。在麦迪逊大道的14年间，我只有一个好主意没能被客户接受。〔我要国际纸业公司（International Paper）把他们2 600万英亩的森林地献给社会做露营、钓鱼、狩猎、远足和观察鸟类活动的场所。我说这个崇高的举动会同卡内基的图书馆和洛克菲勒基金会一样具有历史意义。这是个好主意，可是我却未能把它推销出去。〕

最后，我发现，如果不是由一个很有本事的人来领导，那么无论什么创作机构，不管它是研究实验室、杂志社、巴黎的大饭店，还是广告公司，都不会产生什么伟大的业绩。剑桥卡文迪什研究所之所以闻名于世，是因为有了卢瑟福勋爵；《纽约客》（New Yorker）杂志之所以出名是因为有了罗斯[1]；美琪饭店之所以能嘉宾满座是因为有了皮塔。

并不是每个人都喜欢随大师工作。出人头地的观念在噬食他们的思想，促使他们得出这样的结论：

身处地狱做主宰，品低犹荣；
宁做地狱主，不为天堂役。

---

[1] 哈罗德·罗斯（Harold Ross，1892～1951），1925年创办《纽约客》杂志。《纽约客》以轻松、讽刺的风格反映大城市生活，是美国最有特色的杂志之一。——译者注

因此，有些人离我而去，但是他们终于发现，他们的天堂乐园已失。有一个这样的可怜家伙，离开我后几个星期来信说："我离开您公司的时候，我想我会觉得有些伤感，但实际上我感受的却是痛苦。我有生以来从未有过这样的失落难过。这，我想就是一个人对有幸从属名流而必须付出的代价。在我们的周围，这样的名流实在太少了。"

一个优秀的人离去，他的亲密朋友猜测他离去的原因，一般总是怀疑公司对他的待遇不公。最近，我想出了防止这种误解的方法。我的撰稿部一位年轻的负责人辞职，去另一家公司担任副董事长的时候，我们以内阁部长向总理辞职的文笔交换了信件，这些信函刊印在我们公司员工的刊物上。那位亲爱的跳槽人给我写道：

您必须承认，我成了个广告人，这该责怪您。是您塑造了我，教会我懂得还有许多的事我并不明白。有一次您曾说过，要向我收这些年的学费，这真是应该的。

我善意地答复说：

看着您在短短的 11 年中，从一个初学撰稿的新手成长为撰稿部主任，实在是一种了不起的经历。您已经是我们最好的创作人员之一了。

您工作勤奋、快捷。您的活力和撰写才能使您在作为撰稿部主任的工作压力下，仍能泰然自如，心情舒畅。

有创造力的伟人的个性少有平淡无奇的。他们大都脾气暴躁，以自我为中心，是那种在现代公司中不受欢迎的人。试看温斯顿·丘吉尔吧，他嗜酒如命、反复无常、刚愎自用，在遭到反对的时候，他暴跳如雷；他对才智平庸之辈粗暴无礼；他挥霍无度；稍被触犯，他就会哭泣落泪；他谈吐粗野，对下属毫不体谅。但是，他的参谋长阿兰·布鲁克勋爵却能这样写他：

> 回顾与他共事的那些岁月，我总认为那是我一生中最艰难、最受考验的一段时间。我感谢上帝给我机会和这样一个人并肩工作，使我有机会看到世上偶尔也有这样一位超人存在。

1971年摄于阿根廷的牧羊场
——奥格威父亲的出生地

第二章
怎样争取客户

David Ogilvy

15 年前，我是宾夕法尼亚一个默默无闻的种烟农民。今天，我主持着美国最佳的广告公司之一，年营业额达到了5 500万美元，年付职工工资500万美元，在纽约、芝加哥、洛杉矶、旧金山和多伦多都有办事机构或分公司。

这个成就是怎样得来的？正像我的门诺教派的朋友曾经说过的那样，"真不可思议"。

1948年挂牌开业那天，我发表了这个办事公告：

> 本公司新近成立，力求生存。一段时间内，我们大家须超时工作，工资则低于一般水平。
>
> 本公司重点招聘活力充沛的年轻人。我不用阿谀奉承、惯于谄媚的人。我寻求有头脑、有教养的人。

一家公司的规模大小，取决于下功夫的大小。目前公司初建，资金并不雄厚，但1960年之前，我们要把它发展为一家大公司。

第二天，我开了一个单子，列上了我最想争取到的5家客户：通用食品公司（General Foods）、布里斯托尔－迈尔公司（Bristol-Myers）、甘浦罐头汤公司（Campbell Soup Company）、利弗兄弟公司（Lever Brothers）和壳牌石油公司（Shell）①。

这样的庞大广告主使用较小规模的广告公司以前并不是没有先例。有一家大广告公司在争取骆驼牌香烟做客户的时候，曾答应派30位文案撰稿人来为这家客户服务。可是精明的雷诺兹（R. J. Reynolds）却反问："只要一个出色的怎么样？"之后，他把他的广告交给一个叫作比尔·埃斯蒂（Bill Esty）的青年负责。以后，那家公司持续代理了骆驼牌香烟的广告28年。

1937年，沃尔特·克莱斯勒（Walter Chrysler）任用了当时才32岁的斯特林·格彻尔（Sterling Getchel）负责普利茅斯牌（Plymouth）汽车的广告。1940年，埃德·利特尔（Ed Little）把高露洁（Colgate）的大部分广告业务交给了特德·贝茨（Ted Bates）这匹广告界

---

① 挑选这样的热门目标是疯狂的设想，但是这5家公司现在都是奥美公司的客户了。

的黑马。通用食品公司聘用扬罗必凯公司（Young & Rubicam）的时候，这家公司刚组建一年。扬罗必凯公司的创办人之一约翰·奥尔·扬（John Orr Young）退休后写下了这样的话，给寻找广告公司的广告主们参考：

如果你运气好，找到以特殊精力和胆识去开创自己事业的年轻人，就聘用这样的良才为你服务，你定会获利无穷。

你可能被某家广告公司的规模和设施所迷惑，但广告公司的真正原动力还是创作潜力。

若干个了不起的成功广告，都是广告主仰仗新成立的广告公司在建立信誉和财富过程中以无比的雄心和精力创造出来的。

这些大广告主都能利用新创广告公司朝气蓬勃的精神，得到他们优良的服务[1]。

我走上舞台的时候，大广告主在选择广告公司时，已经非常谨慎了。上帝已经倒向广告巨头。1916年起就当了智威汤逊公司（J. Walter Thompson）总经理的斯坦利·里索（Stanley Resor）曾告诫我："工业企业兼并成为大公司的现象正反映到广告业中来。大客户

---

[1] 约翰·奥尔·扬《广告奇谭》，哈帕出版公司，1948年。

现在需要大广告公司向他们提供广泛服务。你为什么不抛掉你的白日梦来加入我们智威汤逊公司呢？"

对上路追求第一批客户的新广告公司，我谨赠以在我草创时期产生过魔力的一套精巧方案。我常请可能成为我的客户的广告主推想一家典型广告公司的生命周期，想想那种从充满活力到枯竭的不可避免的起落模式：

每隔几年就会诞生一家新的大公司。这样的公司有雄心、能苦干、充满活力。它从那些衰老的公司手上夺取客户，它工作得很出色。

岁月流逝，创业者富了起来，也累了。他们的创造之火熄灭了，成了死火山。

这些公司还会继续兴旺。最初的那股动力还没有耗尽。它还有强大的关系网。但是它已经过于硕大，创作出来的东西黯然无色，按以往取胜的老格调来策划广告活动。它根枯枝颓。经营重点转向搞从属性的服务，以掩饰公司创作力衰竭的事实。在这个阶段，它开始把客户丧失给有生命力的、勤奋工作、把全部精力投入它们创作的广告的上升的新公司。

我们大家都能说出垂死的著名公司。早在真实情况暴露给它们的客户之前，在它们的走廊里，就可以听到士气低沉的私下议论了。

说到这里，我总是可以看到可能成为我们未来客户的广告主力图掩饰我击中了要害的事实。是不是我描述的正是他聘用的垂死的公司？

14年后的今天，我为这种邪恶的发展历程所震惊。我的学者舅舅汉弗莱·罗尔斯顿爵士常说医生是"首先创业，之后成名，最后才诚实起来"。我现在正向诚实的阶段靠近，老老实实。可是，我银行账户上空空如也的那些日子，情形就完全不一样了。就像吉尔伯特在《海盗王》里说的那样：

> 在我出发去掠夺的时候，
> 我的行径就像一个国王；
> 一点也不错，我击沉的船的数目，
> 比深得教养的君主干的还要多；
> 然而，任何一个强国的国王，
> 若是想永远保住头上的王冠，
> 他就得比我干的——
> 更龌龊、更肮脏。

遵照亨利·福特对他的代销行的劝告——"亲自登门访问以招揽客户",我开始争取那些不聘用广告公司的广告主。考虑到我缺少与有实力的广告公司抢生意的资本,我定的第一个目标是韦奇伍德瓷器公司(Wedgwood China),这家公司每年的广告费是4万美元。韦奇伍德先生和他管广告宣传的女经理十分有礼貌地接待了我。

"我们不喜欢广告公司,"她说,"广告公司尽是瞎胡闹,所以我们的广告我们自己处理。您觉得有什么地方不合适吗?"

"恰好相反,"我说,"我很欣赏这种做法。不过,如果您让我替你们去买版面,杂志就会付我佣金。这无须您多花分文,我也保证再不来打搅您。"

亨斯莱·韦奇伍德是位仁慈的人,第二天早晨他写了一封指定我为广告代理的正式信,我用电报答复了他:"不胜感激,当尽力效劳。"

可是我的资本只有6 000美元,在得到第一笔佣金之前,这点钱是很难维持下去的。我的运气很不错,我的哥哥弗朗西斯当时是伦敦很有声望的美瑟暨克劳瑟广告公司(Mather & Crowther Ltd.)的总经理。他说服了他的合伙人同意替我扩充资本,还让我借用他们公司的名字,这救援了我。另一家英国公司,本森公司(S. H. Benson Ltd.)的博比·比万是我的老朋友,也照样做了。弗朗西斯·梅内尔爵士则设法让斯塔福德·克利普斯核准了横跨大西洋的投资。

博比和弗朗西斯都坚持要我寻找一位美国人领导公司。他们不相信他们的同胞有本事说服美国厂商让他承做广告。指望一个英国人,特别是苏格兰人在美国广告业取得成功,实在是一件荒唐事。英国式的天才里不包括广告。的确,英国人鄙视广告。1948年《笨拙》(*Punch*)杂志就这么说过:"我们并不介意全民皆商,可是却没有必要让我们变成一个广告国。"在世的5 500位公卿显贵中只有一位爵士身在广告业。

〔相形之下,美国对广告和广告从业人员的偏见就不那么厉害。尼尔·麦克尔罗伊(Neil McElroy)——宝洁公司的一位前广告部经理,当上了艾森豪威尔政府的国防部长。切斯特·鲍尔斯(Chester Bowles)在麦迪逊大道干了一段时间后,当上了康涅狄格州州长、驻印度大使和副国务卿。但是,即使在美国,广告人被任命在政府里担任要职的事也是少见的。这很令人感到遗憾,因为有些广告人比起受宠的律师、教授、银行家、记者来更具才华。资深的广告人更能判定问题的优劣;更好地厘定短期和长远的目标,权衡效果;更好地领导大量的行政人员;更好地向委员会介绍情况;更好地在预算内精打细算。据我的观察,我确信我们同业中不少比我年长的、比我高明的人较之许多法律、教育、银行和新闻业的人更客观、更有条理、更有活力、更勤奋。〕

对聘请有资格的美国人来担任广告公司领导，我毫无头绪。然而，经过几个月的私下考察，我请安德森·休伊特（Anderson Hewitt）放弃他智威汤逊芝加哥办事处的职务来当我的老板。他精力充沛，傲视富贾权贵，还有良好的社会关系，不少令我钦慕的人，都是他的至交。

未出一年，安德森·休伊特替公司争取到了两家重要的客户。在我们首席文案撰稿人约翰·拉法治（John La Farge）的协助下，他争取到了桑诺科公司（Sunoco）的广告代理权。3个月之后，经他的岳父阿瑟·佩奇的推荐，大通银行（The Chase Bank）聘用了我们。在我们资金十分紧缺的时候，安德森·休伊特说服了摩根财务公司（J. P. Morgan & Company）贷给我们10万美元，除了他当时任摩根董事长的叔叔莱芬韦尔本人的信用外，银行没有要我们任何抵押。

唉，我和安德森的合伙关系不是愉快的。我们尽量不把我们的分歧暴露给我们的下属。可是，父母有隔阂，孩子们总是知道的。业务突飞猛进的发展，催化着我们之间的不合，经过了4年，公司分裂成两派。在有关的所有人都经历了巨大的痛苦之后，安德森辞了职，我当上了公司的头头。令我慰藉的是，他继续在别的一些公司担当大任，并未因有过一个令人不可忍耐的伙伴而受到影响。

我们公司刚刚建立的时候，我们要和3 000家公司竞争。我们的第一件大事是把牌子创出来，这样，可能成为我们客户的广告主就可能把我们列在他们考虑雇佣的单子上。我们在这方面的成功，来得比我希望的快得多。叙述一下我们怎么达到这一点，对其他有志于创业的人，也许不无裨益。

第一，我邀请了10位广告专业刊物的记者共进午餐。我向他们讲述了我要白手起家建立大公司的狂热雄心。从此，他们为我出了许多好主意帮我搞好这个新公司，我发送给他们的每条消息，他们都刊出来了，不管这些消息多么琐屑。上帝保佑他们。罗瑟·里夫斯（Rosser Reeves）愤愤不平地说，连我们公司的人去洗手间的事，广告业的报刊都要刊登出来。

第二，我遵照爱德华·伯奈斯的劝告，一年里演说不超过两次。每次演说，我都准备在麦迪逊大道挑引起尽可能大的骚动。第一次是对美术指导俱乐部（Art Directors Club）做的演说，我把我所知道的广告平面设计的知识倾囊倒出。离开之前，我给听我演讲的每位美术指导一份制作高质量设计草图的39条规则的油印稿。这些颇有历史味道的规则今天还在麦迪逊大道流传着。

在之后的一次演说里，我抨击了大学院校里开设广告课程之无用，表示愿意提供1万美元成立一所有权给学生颁发广告从业许可证的广告学院。这个愚蠢的建议上了头版。不久，广告行业的报刊就总要我对当时出现的各种问题发表评论。我总是坦率地说出我的看法，这些话也总是被摘引刊载。

第三，我由于职业的关系和与许多主要的广告主有联系的人（调研人员、公共关系咨询人员、管理工程师、版面营销人员）交朋友。他们看到我对他们将来的业务可能有用，他们也为弘扬我们公司的名声做了宣传。

第四，我经常把我们公司的进展报告分送给各行业的600人。大部分重要的广告主都读到这种接连不断的直邮信件。例如，我揽西格拉姆酿酒厂（Seagram）一部分广告业务的时候，萨姆·布朗夫曼（Sam Bronfman）寄回来了我在那之前不久寄给他的一篇16页演讲稿的最后两段，他聘用了我们。

高贵的读者，要是我的这些自我标榜的自白震惊了你，我只好这样说：如果我以正规的方法，按部就班地办我的公司，可能要20年的时间，我才能达到目前的地位。我没时间也没钱等待。我穷、无名无声，而且急于求成。

同时，我每天从黎明到深夜，一个星期6天，为聘用我们这个新生的公司的客户创作优良的广告。其中有些已经成为广告界经典之作了。

起初，能争取到什么客户我们就接什么客户——玩具乌龟厂、专利发刷厂、英国摩托车厂等等。但是，我总是把眼睛盯着我列为争取目标的5个有分量的客户，还把我们微不足道的利润用来建设我们的公司，希望最终能引起他们的注意。

第二章
怎样争取客户

我总是让可能成为我们客户的广告主看到，那些从老牌广告公司转来奥美公司的客户的戏剧性发展——"我们每个事例都呈现异彩，每个事例都是销售上升。"不过在说这种话的时候，我总不是很理直气壮。那个时候，如果一家公司的销售额在头21年里没有增长至少6倍的话，它的增长率只能算是低于平均增长率。

在1945年，极普通的广告公司也能幸运地保持住每一个普通的客户。他们只要系紧座位上的安全带，等着被带到直线上升的经济曲线的最高坐标就行了。在人人都生意兴隆的时候，广告公司无须有特殊的本事便能揽到客户；但是在经济衰退的时候，暮气沉沉的公司就支撑不住，只有朝气蓬勃的新公司才能向前跃进。

广告公司争取第一家客户是最难的，因为这时广告公司还没有业绩，没有成功的实例，没有声望。在这个阶段，不妨为一些有希望争取的客户搞一点产品初步调研，作为自荐之阶。在你把调研结果给广告主看的时候，他们的好奇心很少会不被触动。

我第一次试用这个方法是对赫莲娜·鲁宾斯坦（Helena Rubinstein）。在那之前的25年里，她换了17家广告公司。当时代理她的广告业务的是她的小儿子霍勒斯·泰特斯属下的一家广告公司。我的初步调查表明为她公司做的广告没有效果。鲁宾斯坦夫人对我们所作的调研没有兴趣，但是在我拿出几张在我们调研基础上创作的广告时，她的情绪高了起来。她对一则以我的妻子在鲁宾斯坦美容店接受美容前后的照片作为对比的广告特别感兴趣。"我认为你的太太美容之前更好看些。"夫人说。

使我惊异的是，霍勒斯·泰特斯竟劝他的母亲把她的广告业务从他的广告公司转出来给我们。她照办了。霍勒斯和我交上了朋友，我们的友谊一直维持到8年之后他病逝。

1958年，新泽西标准石油公司（Standard Oil, New Jersey）向我们了解，若是他们聘用我们的话，我们能做什么样的广告。10天之后，我给他们提交了14套广告方案。我们争取到了他们的广告业务。猎取新的业务，除运气外，高效率和勤奋就是最佳的武器。

我们花了3万美元为布罗莫·塞尔策（Bromo Seltzer）制作了一套方案，与其他广告公司竞争这个客户。这套方案的论证极有说服力，基本论点是，头疼症在绝大多数情况下产生于心理因素。可是布罗莫·塞尔策当时的广告经理勒莫奈·比林斯却更喜欢伦南暨纽厄尔广告公司（Lennen & Newell）的策划。

今天，我们没有时间也没胃口来做竞争性的方案了，而是代之以别的办法。我们让可能成为我们客户的广告主看我们为别的客户做了些什么，给他们解释我们的政策，向他们引荐我们各部门的负责人。我们让他们看我们的真实面目，脸上的斑、痣等等。如果客户喜欢我们的长相，他聘用我们；如果他们不喜欢我们的脸庞，那么，没有他，我们会过得更好一些。

荷兰皇家航空公司（KLM Royal Dutch Airlines）决定换广告公司的时候，他们邀请奥美公司和其他4家公司各自准备方案来争取他们的业务。他们头一个视察了我们公司。会谈开始的时候我说："我们什么也没有准备。相反，我们倒要请你给我们讲讲你们的问题。然后，你们可以去看看你们名单上的其他4家公司。他们都为你们准备了方案，如果你们看中了他们当中的一家，你们的选择就容易了。如果你们都看不上，就请你们回来聘用我们。我们就会开始调查研究。在我们公司，调查研究总是先于准备方案的。"

荷兰人接受了这种冷冰冰的建议。5天之后，他们在看过了其他公司准备的方案以后折回来聘用了我们，使我大为高兴。

但也不能一概而论。有些情况下，主动拿出广告方案去投标是值得的，新泽西标准石油公司和赫莲娜·鲁宾斯坦就是这样的例子。有些时候当一个拒绝这样去做的广告公司是值得的，荷兰皇家航空公司就是这样的例子。最成功的广告公司，是那些高层人士对可能成为他们客户的广告主的心理特征有最敏感的洞察力的公司。死板和推销艺术是搞不到一块儿的。

有一种战略好像对任何情况都实用，即让可能成为你的客户的广告主滔滔不绝地说。你听得越倾心，他就认为你越聪明。有一天我去拜访一位年事略高的俄罗斯人亚历山大·柯诺夫（Alexander Konoff），他生产拉链赚了大钱。在领我看了他在纽瓦克的工厂（工厂的每个部门都由6英尺长的垃圾袋拉链彩饰起来)之后,他让我搭乘他那专职司机驾驶的凯迪拉克轿车回纽约。我注意到他拿着一本《新共和》(The New Republic),这种杂志只有很少的客户阅读。

"您是民主党还是共和党?"我问道。

"我是社会主义者。我曾经积极参加过俄国革命。"

我问他是不是认识克伦斯基。①

"不是那次革命,"柯诺夫轻蔑地说,"是1904年的革命。在我还是孩子的时候,我要赤着脚在雪地里走5英里去一家卷烟厂干活。我的真名是卡冈诺维奇。联邦调查局以为我是(苏联)政治局里那个卡冈诺维奇的兄弟。他们搞错了。"他大笑了起来。"我刚来美国的时候,在匹兹堡当机械工,每小时挣50美分。我的妻子是绣花工人,她每周能绣出14美元的活儿,可是从来没有得到过工钱。"

这位颇为自豪的社会主义者百万富翁接下去告诉我,在列宁和托洛茨基被流放期间,他和他们过往甚密。我静静地听着,结果我们得到了这家客户。

缄默不语是黄金。不久之前安派克斯(Ampex)的广告经理来看

---

① 克伦斯基(Kerensky,1881~1970),俄国社会革命党人,第四届国家杜马中劳动派领袖,曾在临时政府(1917)中先后任司法部长、陆海军部长、最高总司令,十月革命后组织反苏维埃的叛乱,逃亡国外。

我。他在物色新的广告代理。那是我这一辈子里吃得最饱的一回,连说话的本事都没有了。我只好用手势表示请这位可能成为我们客户的广告主坐下,用一种询问的神态望着他。他一谈就是一小时,我一点儿也没有打岔。看得出来,他对我的沉思很有印象。并不是每个广告代理在这种场合都能如此寡言的。接着,他向我提了一个问题,把我吓坏了。他问我听过安派克斯电唱机没有?我摇了摇头,实在撑得无法说话。

"嗯,我要你在你家里听听我们的唱机。型号款式多种多样。你家里的陈设布置是什么样子?"

我耸耸肩,还是不敢说话。

"很现代化吧?"

我摇摇头,守口如瓶。

"早期美国式的?"

我还是摇摇头,藏而不露。

"18世纪的?"

我轻轻地点点头,仍是一言不发。一个星期之后,安派克斯音响设备送上门来了。漂亮极了。但是我的合伙人认为这家客户的广告预算太小,无利可图。我不得不回绝了这桩业务。

一旦你争取到了客户,对待他们却来不得半点马虎。你花的是人家的钱,他们公司的命运往往由你掌握着。不过我把猎取新的客户看作是体育运动。如果在比赛中你神经紧张,那你会死于溃疡病;如果你轻松愉快地进行比赛,就算失败了你也不致失眠。参加运动比赛当然是为了取胜,但是要享受比赛的乐趣。

我青年时代在伦敦"理想家庭展览会"上卖厨房灶具。每卖一件,都要按顾客的个性慢慢地费一番口舌,这要花去我40分钟时间。问题是要从乱哄哄的人群中找出买得起每台400英镑的灶具的人。我学会了用鼻子把他们闻出来的本事:他们抽土耳其香烟,这是贵族派头的标记,就像爱沙尼亚领带一样。

晚些年,我学会了在一大堆人中嗅出大广告主味道的本事。有一次我去参加苏格兰人协会在纽约举行的午餐会。散会出来的时候,我有一种预感,在那天我头一回遇到的人当中有4个终有一天会成为我的客户。事实果然如此。

我争取到的最大的客户是壳牌石油公司。这家石油公司的人非常喜欢我们为劳斯莱斯汽车公司做的广告,把我们列进了他们考虑聘用公司的名单。他们给名单上的每家公司发了一份很长的追根究底的调查问卷。

当时,我很讨厌客户用调查问卷来选择广告公司,曾不屑一顾地把几十份这样的东西掷进废纸篓。有一家叫斯塔尔－迈耶(Stahl-Meyer)的公司给我寄来调查问卷。我反问他们:"斯塔尔－迈耶是谁?"可是,这一回我却彻夜未眠,草拟了给壳牌石油公司的回答。

我的回答比习惯的要真诚得多,但是我想,如果我的回答能送给当时壳牌公司的董事长、纽约爱乐乐团负责人之一的马克斯·伯恩斯(Max Burns)的话,这份回答一定会让他产生好印象的。第二天我得知他去了英国,我也就飞往伦敦,在他下榻的旅馆给他留话,说我希望见到他。一连10天我都没有得到回话。就在我差不多放弃希望的时候,电话接线员向我报告说,伯恩斯先生要我在次日和他共进午餐。此前我已经与苏格兰事务大臣约好次日一起吃中饭,我就给伯恩斯先生送去这样的话:

奥格威先生在下院和苏格兰事务大臣共进午餐,如您能光临,他们将十分高兴。

在去下院的路上——当时下着倾盆大雨,我和他共用一把雨伞,我简要地向他谈了我在调查问卷中写的东西。第二天回到纽约的时候,他把我介绍给即将接替他出任壳牌石油公司董事长的那位先生——了不起的门罗·斯佩特博士(Dr. Monroe Spaght)。3个星期之后,门罗·斯佩特打电话给我,说我们赢得了他们的广告业务。这个冲击力巨大无比的新闻,把我弄得目瞪口呆,再不能泰然自若,突然我说了一声:"上帝保佑!"别的再也说不出来了。

壳牌石油公司的委任,迫使我们不能再为新泽西标准石油公司服务。我喜欢新泽西的人,我对我们说服他们赞助在电视上播放"每周最佳戏剧"节目方面起的作用很感自豪。戴维·萨斯坎德（David Susskind）在《生活》（Life）杂志上说："倘若国会颁发商业荣誉奖的话，就应该发给这位赞助人。"但是，并没有多少人知道，为了让新泽西争得那个节目的赞助资格，我不得不把我的15%的佣金全部让给老金（Old Gold）和健牌（Kent）香烟的生产商洛里拉德（Lorillard）。洛里拉德预订了那个要命的时段中的一部分播放别的广告，只是在我答应把我所得的佣金（每周6 000美元）给他之后，他才给新泽西让出这段时间。对新泽西不肯补偿我所作的牺牲我很失望。干没有报酬的事，无论哪家广告公司也承担不起，所以我转而和壳牌石油公司合作。

我在开发新的客户时，还干过不计后果的傻事。我遇到英国旅游假日协会（British Travel & Holidays Association）的负责人亚历山大·马克斯韦尔爵士（Sir Alexander H. Maxwell）的时候，我们急切需要一些新业务。一开始他就奚落我。"我们的广告，"他说，"好得很，的确好得很。我丝毫没有改换广告公司的意思。"

我回答说："亨利三世病入膏肓的时候，大家都以为要是有人敢把可怕的真实情况告诉他，这个人准会被砍头。可是由于国家的需要，总得有个自告奋勇的人。亨利·丹尼于是挺身而出。亨利三世非常感谢丹尼有勇气这样做，赐给了他一副手套，封他为爵士。亨利·丹尼是我的先人。他的榜样启发我告诉你，你的广告做得非常之糟。"

马克斯韦尔暴跳如雷，从此不再理我。但事过不久，他把英国旅游的广告业务给了我们，条件是不允许我插手，我的合伙人不得不多年隐瞒我在负责的事实。我们的广告非常成功，10 年间，美国去英国的游客翻了 4 番。今天英国从游客身上赚的钱，在所有欧洲国家中仅次于意大利。《经济学人》杂志说：" 对一个不大而又潮湿的岛国，这是惊人的成就。"

亚历山大·马克斯韦尔适时退休了，我可以从隐匿中现身出来。今天占着这把交椅的是马贝恩公爵（Lord Mabane），他是前内阁大臣。我去英国的时候，他派他的车把我接到拉伊镇。他在那儿住着亨利·詹姆斯①的故居。他的汽车司机一次问我的美国太太想不想咂咂他的胶皮糖（gums）②，吓得我的太太心惊肉跳。

英国客户都雇脾气古怪的佣人。一个炎热夏天的早晨，劳斯莱斯在德比附近的宾客寓所的管家，门也不敲就进了我们的卧室。我的太太睡得很熟。他把他的胖脸凑近我太太的耳朵喊道："夫人，您吃煮蛋还是煎蛋？"

我们争取阿姆斯特朗软木公司（Armstrong Cork）的广告业务的过程异乎寻常。开始的时候，我被邀和他们公司的广告经理马克斯·邦

---

① 亨利·詹姆斯（Henry James, 1843~1916），英国作家，原为美国人，1876 年定居伦敦加入英籍。——译者注
② 英国俚语，朗特里公司生产的一种糖果。"gums"原意为"牙床"。——译者注

扎夫在宾夕法尼亚的兰开斯特附近他的高尔夫球俱乐部共进午餐。我们的餐桌正对着第 18 洞。一连两个小时，马克斯不停地对我讲打高尔夫球的故事。他对广告公司的评价好像取决于广告公司的经理打高尔夫球的本事。我是不是也和他一样那么喜欢高尔夫球呢？

我一生从未进过高尔夫球场，可是当时这么坦白地说就会把争取到这个客户的机会丢掉。于是我就含糊其辞地蒙混他，让他觉得我是没有时间打高尔夫球。马克斯提议我们当时就在那里打一轮，我又托词说我没有带高尔夫球杆。

"把我的借给你！"

我又托词说我的肠胃消化有点什么毛病。

这回马克斯宽厚地接受了。我们分手前，他向我解释，他的董事长亨宁·普伦蒂斯（Henning Prentis）多年来一直是布鲁斯·巴顿①最诚挚的朋友。布鲁斯·巴顿的广告公司垄断阿姆斯特朗的广告业务已经 40 年了。

第二天幸运之神降临了。多尼戈会邀请我去他们在美国一座最古老的长老会教堂举行的年度聚餐会上发表演说。我要在教堂的小布道坛上演讲，普伦蒂斯先生会来参加聚会。我的演讲定在 6 月 23 日，这天是立夏日，是我们家的大吉日。我祖父、我父亲和我 3 个人都出生

---

① 布鲁斯·巴顿（Bruce Barton），美国著名广告人。——译者注

在这一天①。我要讲的是我的同胞在建设美国中的作用,我没有直接提到麦迪逊大道的我这个苏格兰人:

> 拉尔夫·沃尔多·爱默生②和托马斯·卡莱尔③在苏格兰乡间散步。爱默生看到埃克来芬昌一带的贫瘠土地,问卡莱尔:"这样的土地上你们能种些什么?"
>
> 卡莱尔回答说:"我们育人。"

在那种贫瘠的苏格兰土地上,他们培育的人的人品怎么样?这些人来到美国以后又如何?

他们干活勤恳。从小到大,我的耳朵里总是响着我父亲最喜爱的一句谚语:"勤奋是不会整死人的。"

帕特里克·亨利④是苏格兰人,约翰·保尔·琼斯⑤是

---

① 我父亲有一次说,我在这天得到个孩子的可能性是100∶1。我没有能够做到这一点。
② 拉尔夫·沃尔多·爱默生(Ralph Waldo Emerson, 1803~1882),美国散文作家、诗人、先验主义作家的代表。——译者注
③ 托马斯·卡莱尔(Thomas Carlyle, 1795~1881),出生于苏格兰家庭,英国作家、历史学家和哲学家。——译者注
④ 帕特里克·亨利(Patrick Henry, 1736~1799),苏格兰裔美国人,独立战争时期的自由主义者。他在反英斗争中发表过许多著名演说,被普遍传诵的警句"不自由,毋宁死"就出自他的演说,晚年政治上趋于保守。——译者注
⑤ 约翰·保尔·琼斯(John Paul Jones, 1747~1792),从苏格兰移民的美国人,他是美海军军官。——译者注

苏格兰园艺工的儿子。阿伦·平克顿①是苏格兰来的，创立了私人侦探社。发觉1861年2月第一次杀害林肯的阴谋的就是平克顿。

美国最高法院有35位法官是苏格兰人。工业家则数不胜数，其中包括一位对你们兰开斯特县的繁荣和文化做出过很大贡献的工业家——阿姆斯特朗软木公司的亨宁·普伦蒂斯先生。

从布道坛居高临下的位置，我可以看到普伦蒂斯先生对这个破折号的反应。他并没有表现出不愉快。几个星期之后，他同意把阿姆斯特朗的一部分广告业务转给我们公司。

在我参与角逐的新客户中，要数争取美国旅行社（United States Travel Service）生意的对手最多，参加争夺的不下137家。我们为英国和波多黎各所作的广告取得的成功，使我们特别有资格来为美国作为一个旅游胜地做广告。我渴望以我对美国的热情来感染我的欧洲同胞。我一生中不知为牙膏、人造黄油做过多少广告，现在转而为宣传美国做广告该是多么令人欣慰的事。

---

① 阿伦·平克顿（Allan Pinkerton，1819～1884），苏格兰裔美国人，曾任执法官，1850年创立"平克顿全国侦探所"，1861年为美国政府创建特工机构。——译者注

参加竞争这个客户的许多公司都有政治力量可以依靠，我却没有。然而，我们终于被列入只有6家公司的名单上，受邀到华盛顿去参加提案会。麦迪逊大道的居民、商业部助理部长威廉·鲁德（Willi-am Ruder）对我进行了一连串无情的追问，终于使我的一个弱点暴露了出来：我在外国没有分公司。

参加过100多次角逐新业务的提案会之后，我已能在会议之末判断我是成功还是失败。那天下午我知道我失败了，我绝望地回到纽约。10天过去了，还没有宣布结果。我的同事都安慰我。我们打赌，猜我们的对手中谁能得手。之后，一个星期六的早晨，西方联合电报公司的来电吵醒了我：商业部长聘用奥美公司在英国、法国和德国做"请君莅临美国观光"的广告。

这是30年前牛津大学电报通知我获得基督学院奖学金之后，我接到的最荣耀的电报。我为美国旅行社所写的每一则广告，都可以说是一个充满感激之情的移民感恩戴德的信。

我们的广告宣传出台之前，我告诫商业部，我们肯定会招来批评：

> 我们第一则广告推出的时候，咬牙切齿的批评会接踵而至。不管广告说了些什么，或者没有说到什么，我们都会成为批评的对象。我从为英国旅游做广告的长期经验中深知

此点。

但是，对我们的广告活动是褒是贬，归根到底只能从结果来判定。

调查研究的结果告诉我们，欧洲人过分夸大访问美国的花费很多这个观念，这是我们唯一的大障碍。我们决定迎头解决这个问题。我们没有用"你可以花比你预想的要少的钱游览美国"那样文质彬彬、不关痛痒的办法，而是提出了一个具体的数字：每周35英镑。得出这个数字是经过仔细核实的。比如，在决定纽约旅馆一间房间的合理的最低价格之前，我们派一位文案撰稿人去温斯楼旅馆核查床位，了解到房价是6美元一夜，她认为是很令人满意的。

可是批评我们的人认定35英镑一周太低了。他们没有认识到问题的实质：

1. 欧洲来的旅客，以前只是花公款的商人和很富有的人家。现在，吸引中等阶层的游客以扩大市场极为重要。国库的黄金正在外流，非常需要外汇。

2. 美国半数以上家庭的收入超过5 000美元，而英国只有3%的家庭的收入达到这个水平。因此，把我们给他们提供的东西的价格定得尽可能低，是很重要的。若是他们愿意多花钱，他们总是可以多花的。

3. 我认为，让中等收入的欧洲人平日生活得俭朴一点，省钱来美国观光，总比他们压根儿不来要好。看看纽约、旧金山和广阔的天地所得到的兴奋劲头，是足以抵偿节约所带来的艰苦的。外国游客带来我们急需的外汇，而调查表明，他们几乎全都怀着有利于美国的心情归去。

我们的广告出现在欧洲报纸上的时候，读我们广告的人打破了纪录，引起的咨询数量多得使美国旅行社在伦敦、巴黎、法兰克福的办事处不得不加班加点工作到深夜。

我们的广告使报纸编辑部纷纷发表宣扬的文章，这在广告史上大约是没有先例的。《每日邮报》（*The Daily Mail*）派它最主要的特写撰稿人到美国来。他发回的头一篇稿件中有这样的电文：

肯尼迪总统邀请我——以及其他千百万欧洲人来领略美国旅游业的新奇之处，他向1.8亿美国人发出秘密指令，请他们对我们友好。要不然怎么解释他们的好客会达到令人不好意思的程度呢？又怎么解释那源源不断的友善、那随时随地可以遇到的极高的礼遇呢？

《每日快报》（*The Daily Express*）指示它驻纽约的记者就这个题目写系列报道。《曼彻斯特卫报》（*The Manchester Guardian*）说我们的广告"有名"，而当时还只有3则广告见报。德国最重要的金融报纸《商报》（*Handelsblatt*）写道："这是一场介绍真实情况的宣传活动。美国旅行社锣鼓喧天地把他们的广告介绍到了德国旅游界。"

我们的广告开始生效了。我们的广告宣传开始 8 个月之后，法国来美国旅游的人数上升了 27%，英国上升了 24%，德国上升了 18%。

1956 年，我参与了一次很不寻常的业务活动：与另一家公司联手为一家客户服务。灰狗长途汽车公司（Greyhound Bus）的本·桑南伯格（Ben Sonnenberg）说服了葛瑞广告公司（Grey）的阿瑟·法特（Arthur Fatt）和我联手负责他们公司的广告业务，他特别规定由我负责公司形象广告，葛瑞公司则负责业务性的广告。

法特和我飞到旧金山，灰狗长途汽车公司的人正在那里开大会。我们一进旅馆住下，他就把他准备的介绍给我看，他的调查部门的工作触及了问题的核心。他的文案撰稿人提出了一个正中要害的广告口号："坐灰狗汽车，有乘车之乐，却无开车之苦。"

我气儿都没有歇就用旅馆内部电话和灰狗长途汽车公司的广告经理联系，约他到法特的房间来和我会晤。

"阿瑟·法特刚刚把我们的联合建议中他的那一部分给我看过了，那是我知道的最好的创意。我建议你把全部广告都交给葛瑞公司。为便于你下决心，我现在就回纽约去。"

我离开了房间，葛瑞公司被聘负责灰狗的广告业务。

我从来不想揽那种很大很大的客户，因为一旦失掉这样的客户，后果是我承受不起的。要是揽上了这样的客户，从你给他们做广告的头一天起，你就不得不战战兢兢地过日子。一个广告公司如果被吓得失魂落魄，它就失掉了提出坦率意见的勇气，而一旦你失掉了这种勇气，你也就变成低贱的奴才了。

这也就是我拒绝受邀去竞争福特汽车公司埃德塞尔型（Edsel）汽车广告业务的原因。我给福特写信说："您的广告预算是我全部营业额的一半。这样要保持我们咨询的独立性就很难办到。"我们如果参加了对埃德塞尔广告业务的竞争，而且得到了这份业务，那么奥美广告公司已经和埃德塞尔汽车一起翻掉了。

我们煞费苦心地挑选客户。当然我们还没有争取到我们看中的每一个目标客户，但是我们一直坚持去争取。我们每年平均拒绝59个我们不太愿意接受的客户。

要找到第一流的广告公司并不是轻而易举的事情，这一点并不是人人都了解的。例如，某肥皂制造商把他的21家广告公司一个一个地剔掉，符合他们标准的广告公司最后只剩下两家。

我的志向是每两年增加一个新客户。成长的步伐太快会迫使我们来不及进行培训就让新招聘到的人投入工作，还会经常使我们最优秀的人才从为老客户服务转入为新客户策划新广告。我挑选客户的标准有10条：

1. 来找我们做广告的客户的产品必须是令我们引以为傲的。有少数几次，我们为我们看不上的产品做广告，结果都失败了。律师可能要为一个他明知有罪的杀人犯辩护，外科医生也可以为他不喜欢的人开刀，但是职业性的超脱在广告行业里是行不通的。一个文案撰稿人为某种产品创作的广告如果要有推销力，那么这种产品必须对这位撰稿人个人有某种吸引力。

2. 除非我们确信我们会比客户的前一家广告公司干得更出色，否则我们不接受他们的聘用。《纽约时报》(The New York Times)要我们为它做广告，我回拒了，因为我不认为我们能比它们正在使用的那家广告公司做得更为出色。

3. 我谢绝产品销售长期下降的客户。出现销售不良的情况，几乎总是因为产品存在缺点，或是因为厂家管理不善。这两种缺陷是不论多么好的广告也补救不了的。一个新的公司不论他多么渴望得到客户，总应该能够约束自己，拒绝这种客户。有名气的外科医生可以经得起偶然在他的手术台上死去一位病人的打击，但是一个年轻的医生若是碰上了这样的不幸事故，他的前程就可能断送掉了。我常常害怕我们的客户在我们的"手术台"上死掉。

4. 搞清楚可能成为你的客户的广告主是不是希望他的广告公司有利可图是很重要的。我有过蒙受损失的经验。我帮助我的客户发展成千万富翁，可是我自己却在为他们服务的过程中连衬衫都赔了进去。广告业的平均纯利现在不到5‰。我们在锋利的刀刃上耍平衡：既不能给客户过分的服务而使自己破产，也不能轻率服务丧失业务。

5. 如果一家客户看来于你无利可得，他能促使你做出出色的广告吗？我们没能从健力士黑啤酒（Guinness）或者劳斯莱斯那里赚到多少钱，但是它们都给了我们宝贵的机会，使我们能大显我们高超的创作力。再没有别的办法能比这个办法更快地把一家新广告公司推到前台。唯一的危险是它会给你带来不均衡的名声。企业界总认为，如果一家小广告公司在创作出色的广告方面表现出才能，它在调查营销方面一定很弱。很少有人会认为，一个人在某方面有高标准，他就会在各方面都有高标准。

（我自己很快就被人誉为一个好文案撰稿人，但是人们却认为我在别的方面都很无知。这使我很恼火，因为我的长处根本不是撰稿而是调查研究，我曾为盖洛普博士管理过听众调查所。）

差不多所有广告公司碰到的最大问题都是如何创作出好广告。文案撰稿人、美术指导、电视制作人员都不难得到，但是能主持一家公司的全部创作——例如一年主持100个新的广告活动的人，却没有几个。这些凤毛麟角的定音号手必须能激励形形色色的撰稿员、美工，他们必须能胸有成竹地对各式各样的产品所需的广告做出判断，他们必须是能够很好地做提案的人；同时还能精力充沛、夜以继日地工作。

广告界后来盛传，说我就是这样一个奇才。好几家大广告公司都觉得该任用我，为了把我弄到手，即使必须把我的整个公司买过去，他们也能豁得出去。在3年时间里，智威汤逊、麦肯（McCann-Erickson）、

BBDO①、李奥贝纳（Leo Burnett）和其他5家公司都来邀请过我。如果他们有人诱我以金子，那我肯定就屈服了。可是他们却错误地以为我更感兴趣的是迎接不管是什么的"创作的挑战"。

这种偏重创作的名声会使每一个广告公司失掉争取到大客户的机会。但是，如果你真想成名的话，这种险你又必须去冒。直到埃斯蒂·斯托厄尔（Esty Stowell）1957年加入我们公司，我们才建立起公司各部门都过硬、能做全面服务的声誉。埃斯蒂·斯托厄尔曾经担任过公认是营销领域里最出色的公司——本顿暨鲍尔斯广告公司（Benton & Bowles）的执行副总裁。他是我们需要的象征，弥补了我只不过是一个文案撰稿人的名声所造成的不足。他也是一个很能干的人。我松了一口气，把除创作部以外的其余所有部门都交他负责。从此，我们的公司大步地发展起来。

6. 厂商和他的广告公司之间的关系就像病人和医生间的关系一样密切。接受一个客户之前，你需要弄清楚，你是否确实可以和他愉快地相处。可能成为我的客户的广告主第一次来找我的时候，我首先搞清楚他为什么要改换广告公司。如果我有理由认为他没有说实话，我就会问我在他以前聘用的那家公司工作的朋友。就在不久以前，在最关键的时刻我了解到一位可能成为我的客户的广告主讲话含糊其辞，他原先聘用的广告公司告诉我，他需要的是专业心理医生，而不是广告公司。

---

① BBDO是巴腾、巴顿、德斯坦暨奥斯本广告公司（Baton, Barton, Durstine & Osborn）的英文简称。对许多名字很长的美国广告公司，在国际上已习惯以适当的字母组合来代替。BBDO是这家公司4位老板的姓的第一个字母组合。——译者注

7. 我谢绝把广告看成全部营销活动中的边际因素的客户。他们有一种很令人尴尬的做法：每逢别处要用现钱，他们总是从广告费上打主意。我更喜欢那些视广告为须臾不可缺少的必需之物的客户。就像医生动手术一样，我们为客户的生意开刀的地方是那不可或缺的心脏，而不是随便一个无关紧要的部位。

总的说来，最能获利的是那些单位成本低、大家都使用而且要经常购置的大众化产品。比起高价耐用品来，它们的广告预算更大，广告效果也更可检测。

8. 我不接受实验室测试还未完结的新产品，除非这种产品是已经投放全国市场的另一种产品必不可少的部分。广告公司在试销市场上为新产品开路，比受理已进入市场营销的产品花费更多，何况新产品十中有八是夭折在试销市场中的。在总的利润率只有5‰的情况下，这种风险我们是担不起的。

9. 如果你有创作有效广告的抱负，千万不要揽"协会"为客户。几年以前，我们受邀参加人造丝厂家协会广告业务的竞争。我按时到了他们的总部，被引进一间宽敞的会议室。

"奥格威先生，"会长说，"我们正在和几家广告公司面谈。您可以用15分钟的时间谈谈您的方案。到时，我就摇这个铃，让在外面等着的下一个广告公司的代表进来。"

我没有立刻谈我们的方案。我先问了3个问题：

"您的广告涉及多少人造丝厂的终端用户?"回答:汽车轮胎业、装饰纤维业、工业产品业、男女服装业。

"广告预算是多少?"回答:60万美元。

"多少人参与批准广告?"回答:代表12家厂商的12位委员。

"摇铃吧!"我说完就走了。

差不多所有的协会客户的情况都像他们一样。"婆婆"太多,目标太多,钱则太少。

10. 有时可能成为你的客户的广告主提出和你做生意,但有条件,要你雇一位他认为在管理他的广告方面不能缺少的人。这样做的广告公司的结局是,招来了一帮子政客搅乱公司的行政,导致部门不和。我有时雇一些有才干的人,但有条件,他们不能把他们的关系客户夹带进来。

不管你对那些可能成为你的客户的广告主做多么周密彻底的调查,在你和他们面对面相遇之前,你几乎不可能搞清楚他们是不是真的具备这些条件。于是,你会发现你的处境十分微妙,一方面你在拉他和你的广告公司做生意,另一方面又要套引出他和他的产品的各种情况,以便决定你是否真想揽他为客户。少说多听得益较多。

早期,我有时犯对我要争取的客户热情不足的错误。我过于缩手缩脚。波多黎各经济开发署(Puerto Rico's Operation Bootstrap)精明的负责人特德·莫斯科索(Ted Moscoso)头一回来访问我的情形就是这样。我给他留下的印象是，好像他聘不聘用我们，对我们来说都无足轻重。我花了很长的时间来使他相信我是真心实意地愿为波多黎各效劳的。

我们被指定为波多黎各的广告代理之后不久，我给莫斯科索写信说：

> 我们必须为波多黎各树立一个可爱的形象来冲掉美国人头脑中的那个污秽的形象。这对你们的工业、朗姆酒业、旅游业的发展和你们的政治改革都有极重要的意义。
>
> 波多黎各是什么？这个岛国有什么样的特点？它要让世人看的是什么？是不是说它只不过是正在致力于发展工业的落后国家？是不是说这个岛国将永远是马克斯·阿斯科利（Max Ascoli）所称的"新政派人士的沿海岛屿"？是不是说它将发展成为日后的北费城（North Philadelphia）？或是说，在这个经济体上还有着活跃的基因？是不是要让粗俗的游客麇集波多黎各，使它变成二等迈阿密海滩？波多黎各人这么狂热地表现自己美国化的程度，是不是他们已经忘掉了自己的西班牙传统了？
>
> 完全可以避免产生这些混乱可悲的形象。最保险的办法就是为波多黎各制订一套长远的广告宣传方案，通过宣传在

世人中树立一个振奋人心的波多黎各的形象——欣欣向荣的波多黎各。

特德·莫斯科索和穆尼奥斯总督接受了这个建议。我们实施了一套广告宣传方案,直到9年后,这套广告方案还在持续用着。它对波多黎各的富裕产生了深深的影响。我相信它是以一场广告宣传运动改变一个国家形象的唯一例子。

1959年的一天,莫斯科索和我与比尔兹利·鲁姆尔、埃尔莫·罗珀在世纪大饭店共进午餐。饭后在陪我漫步回我们公司的路上,莫斯科索说:"大卫,你为我们波多黎各做广告已经5年了。今天下午,我要给你所有的客户打电话,请他们和我一道向你建议:如果你同意不再招揽新的客户,我们就允诺永远不辞退你。你愿不愿意把你的全部精力奉献给你已经争取到的客户,而不再浪费时间去争取新的?"

我个人是极想接受这个新颖的建议的。争取新的客户很有刺激性,但是每吸引一个新客户都要给我增加做准备工作的负荷,每周工作80小时已经很重了。可是,我年轻的伙伴却渴望迎接新的挑战。再说,就连最好的广告公司也会丧失客户的。有的是因为客户把自己的企业卖掉了;有的则是因为换上了盛气凌人的人来主管他们的广告,而我又永远不愿为盛气凌人的人效劳。因此,如果你不再争取新的客户，你就会流血至死。〔当然，这也不是说你就得效法本·达菲（Ben Duffy）。他在BBDO当第一把手的时候，只要有客户提出要聘用他，他一概不拒，最后他的客户竟多达167家，工作的压力差点整死了他。斯坦利·里索则相反，他担任智威汤逊头头的第一年，辞掉了100家客户，都是些无利可图的小买卖。那是他使智威汤逊发展成世界上最大的广告公司的第一步。〕

热情并不总是获得成功的最佳因素。我有五六次回绝了不符合我们条件的客户，结果发现，拒绝反而激起了客户要求聘用我们的愿望。一家有名的瑞士表厂提出把广告业务交给我们，我们回绝了。因为他们的广告不仅要经瑞士厂，而且要经美国进口商方面的批准。哪家广告公司也不可能伺候两个主子。可是，我们并没有直言拒绝，而是对他们说，只要他们肯付25%的佣金，而不是通常的15%，我们可以接受他们的聘请。客户立刻接受了。

厂家在物色新广告公司的时候，有时把备选的广告公司披露在报纸上。只要有人晓得我参与了角逐，我总是会退出竞争；担被公开击败的风险是不明智的。我喜欢在大庭广众之下成功，却愿意悄悄地失败。

只要有4家以上的广告公司卷入了对一家客户的角逐，我就回避。争宠的俗套做法是开许多长会。大多数的客户选择广告公司的时候，都会考虑有名气的。作为这样的公司的领导人，如果来者不拒，就会使自己的时间在没完没了的会议中耗尽，更何况我们还有别的事要干——为我们已有的客户提供高水平的服务。

最理想的是无须与别的公司竞争就能得到客户。可是这种情形是越来越少了。因为广告主现在似乎觉得，若不在几家广告公司之间比较一下各家的长和短就决定聘用一家新广告公司，未免显得幼稚。在本书"怎样当一个好客户"部分中，我将就如何挑选新的广告公司免费向他们进一言。

大多数的广告公司派庞大的代表团向那些可能成为他们的客户的广告主做提案。公司的领导则限于介绍自己的职员，而让他的部属来说服这些可能成为自己客户的广告主。我比较愿意自己总揽其事。选定广告公司，总是客户公司的老板亲自拍板，董事长就应该由董事长来说服。

我还发现频繁地更换做提案的人会引起与其他参与角逐的广告公司混淆不分的后果。交响乐团看上去个个都是一般模样，可是指挥的风格却迥然不同。我们被邀去角逐西尔斯-罗伯克公司（Sears-Roebuck）广告业务的时候，我亲自上阵去对付他们的董事会。精明的公司是不会被人海战术蒙骗的。在猎取生意中成绩佼佼者，无不是仰仗自己的老板唱独角戏（如果你考虑一下这些独奏演员的咄咄逼人的性格时，你必须承认，在争取客户时，与众不同是很重要的一点）。

我总是向可能成为我们客户的广告主介绍我们薄弱的地方。我发现，古董商若是提醒我注意某件古董家具的疵缺，他就会赢得我的信任。

我们的疵缺何在呢？最重要的是这两桩：

我们没有公关部。我的观点是：公共关系事务应该由厂商自己处理或者听从专家的意见。

我们从未制作过特别了不起的电视广告。我嫌恶这种奢华的东西，除少数例外，这种玩意儿花钱太多，与覆盖率很不成比例。

在广告业务里，新客户的加入是很不规则的。我虽然力图使它平衡，亦无济于事。有时，一连几个月，我们公司没有新客户问津，这种情形使我开始怀疑我们争取新客户的能力，也让我的部属士气消沉。但是在另外一段时间里，客户又纷至沓来，工作的压力又使我们喘不过气来。解决这种状况的唯一办法就是事先拟定一份目标客户的名单，再按自己的情况去开发。我希望有这样一天。

20 世纪 50 年代早期在工作中所摄

第三章
怎样维系客户

David Ogilvy

不仅是婚姻到七年的时候会出现不幸①，这个数字也影响着广告公司和他们客户的关系，一般的客户每七年要换一次广告公司。他会腻味他的广告公司，和美食家会腻味他的厨师的菜肴差不多。

争取一家客户是颇费脑筋的事，丢失一家简直就会要命。你怎么才能说服其他客户，请他们不要辞掉你呢？我亲眼见过两家大广告公司毁于一家客户跳槽引起的客户出逃风，真是令人寒心至极。

当公司总裁明白是由于自己领导无方致使客户丧失的时候，他会

---

① 作者在这里使用了 the seven-year itch 一词，直译应为"七年之痒"。传说古代罗马人认为人的健康状况每七年要变化一次，婚姻在七年时会出现危机。——译者注

怎么样对待自己的良心呢？他怎么可以随随便便就把负责管理这家客户、尽了最大努力来冲销他所干的蠢事的那些职员撤掉？这些人当中可能就有难得的良才，而他也需要这些人来管理日后争取来的客户。可是，作为公司的总裁，他又担得起让他们闲着无所事事的责任吗？一般说来是不可能的。我见过广告公司为丢失一家客户而辞掉上百个职员的事，那些可怜的家伙里有些因为年龄过大而找不到别的工作。广告公司的员工工资总是很高，就是由于这个原因。除了戏剧业外，广告业也许就是最没有保障的行业了。

如果你渴望经营广告公司的话，那你就必须接受你经常如履薄冰的事实。要是你生来胆小怕事，那你注定要失败。你走上的是一条长满荆棘的路。

我羡慕那些当医生的朋友。他们有那么多的病人，个把病人弃他另就并不会毁掉他。病人换医生的事也不会见诸报端让别的病人读到。

律师也令我羡慕不已。他们可以放心度假。他们的委托人准保不会去和别的律师谈情说爱。现在我拥有19家十分体面的客户，我真希望能通过一项法律，规定挖走别的广告公司的客户为非法。在瑞典，大广告公司真的争取到把生意上禁止挖墙脚的法令写进法典，这真令人高兴。

你可以采取一些步骤以减少损失客户的事。第一，你可以把最好的人才用来为现有的客户服务，而不要把他们分散用于追逐新客户。我总是禁止我的客户主管①去猎取新客户。这会像赌马一样使他们受到腐蚀。他们会忽略他们对现有客户的责任，客户会相继离去。

第二，你不要任用处事草率、很不随和的人做客户主管。麦迪逊大道到处都是这种会莫名其妙地刺激客户使其对自己反感的受虐狂。我知道不少很有头脑却把客户丧失得一干二净的人。我知道也有平凡得不足道但很善于在广告公司与客户之间建立平稳关系的人。

第三，要避免揽进那些一再辞掉自己的广告公司的客户。你可能以为你能治好他们心胸狭窄的毛病，可是这于你很不利，就像娶了一位一再闹离婚的妇人一样。

第四，你可以和你的客户的每个层次的人保持联系。但是，这一点却越来越难做到，原因是大公司组织层次堆叠——品牌助理向品牌经理报告、向部门领导人报告、向营销副总裁报告、向常务副总裁报告、向总裁报告，再向董事长报告，还有成堆的顾问、委员和参谋人员钳制着广告公司。

---

① 客户主管，Account Executive，即 AE。在我国关于广告的著述中，对此有多种译法，如客户主管、客户经理、客户代表、客户主任、业务员或联络员等。——译者注

大多数公司的董事长、总裁根本不和他们的广告公司来往已经成为时髦之事。请注意，他们仍旧在有关广告的问题上做重大决定，但是他们从不和他们的广告代理亲自见上一面，出面代表他们的又常常是一些不够格的人。我经常从广告经理口中听到一些十分愚蠢的话，据说是他们的总裁讲的，而我知道，他们的总裁根本不可能讲这样的话。我毫不怀疑，同时这些总裁也听到了据说是我讲的相当可笑的话。在这些结结巴巴的信息传递过程中，还没有容你搞清楚是怎么回事，客户早把你辞掉了。

这使我想起第一次世界大战期间流传的一段故事。一位少校从前线战壕里给他的总部传递一个口信。开始口信是这样的："请增援，我们即将推进。"经过一级一级的口传，到达司令部的时候，口信变成了"请给三四便士，我们要去跳舞"。①

大公司领导层的人物之所以不喜欢与近在咫尺的广告公司直接联系，原因之一是他们对广告不感兴趣。广告太难捉摸。盖新工厂、发行新股票或是买原料的时候，他们知道到手的是什么。可行性报告送到他们手中的时候是干干脆脆的，为向股东们论证他们的决定所必需的事实和数字一清二楚。可是，广告却只是不确切的猜测。就像莱弗

---

① 英文中 reinforcements（增援）与 three-and-four-pence（三四便士），advance（推进）与 a dance（跳舞）读音有些相似的地方。——译者注

汉姆勋爵（Lord Leverhulme）〔后来约翰·沃纳梅克（John Wanamaker）也跟着〕抱怨的那样："我花在广告上的钱有一半是浪费掉的，可麻烦的是，我不知道是哪一半。"

从搞生产、当财务或当调查员发迹的厂商是一定会猜疑广告人的，因为他们太过精于算计。有些不善于算计的笨蛋当广告公司的头头干得相当好，就在于他们能让他们的客户过得舒舒服服。

还有一件你可以做以减少丧失客户的危险的事：采用我的储备政策（ice-box policy）。一套新的广告计划一经你的客户批准，你马上动手另外开发一套，并且把它投入测试市场。这样，一旦你的第一套计划砸了，或者由于某种主观的原因，它惹得你的客户的领导层不愉快，你可以不失时机地拿出你的另一招。这种连续作战为自己留一手的做法会使你损失些盈利、累坏你的文案撰稿人，可是它会延长你的客户对你的聘用时间。

我总是尽力站在客户的角度，以他们的眼光看问题。我买他们的股票，这样，我可以以他们家庭一员的身份考虑问题。我全面了解了他们公司的情况，我就能更好地给他们提出有用的意见。如果他们能把我选进他们的董事会，我就能更容易证明我的利益和他们的利益是一致的。

勤奋能干的年轻人，往往有一种不错的想法，要把他们的两个客户拉在同一项广告活动里。他们会建议一位客户开展一项竞赛，以另一家客户的产品做赠品，或是两家客户在一份杂志里共登联合广告。这种联合可能对广告公司有危险，几乎毫无例外，其中一家总会觉得他们得到的只是小头。你要想仲裁客户间的纠纷，到头来你定会碰得头破血流。我从来不让我的客户会面。唯一的一次是哈撒威公司①的老板和舒味思软饮料公司（Schweppes）的头头碰到一起。那天他们两位同时去买劳斯莱斯汽车。

我从没有对一位客户说过因为我事前已经和另外一家客户有了约会而不能去参加他的会议。一夫多妻成功的秘诀在于丈夫能使每个妻子都相信她是他唯一宠爱的。如果有一个客户向我打听我为另外一家客户开发广告计划的情况，我总是用别的话题把它岔开。这可能使他不快，但是把他要知道的事都告诉了他，他很可能会得出这样的结论：我也会同样轻率地对待他的秘密。一旦客户觉得你不能守口如瓶，那你可要吃大苦头了。

有时，客户雇用的广告经理极不称职，你不得不向他的老板告发他。可是，15年间，我只这样干过两次。其中一次是告发一个在此前6个月被我辞退掉的神经不健全的家伙，另一次是告发一个惯于说谎的人。

大多数通情达理的客户都认为，广告公司和客户的高层人员之

---

① 参见本书第145页插图及插图说明。——译者注

第三章
怎样维系客户

间交往是频繁的。所以，他们认为一旦你发觉两方之间有了问题，就应该及时提醒他们。有一回我挨了一位客户的一通申斥，说我没有把我们的客户主管替他的品牌经理起草他们公司的营销计划的事反映给他。

客户总是会非难我们的客户主管。有时他们有理，可是有时却是他们不对。但是不论孰是孰非，把有关的人调任他职对各方都有好处，而且要在小事未酿大，没有影响到广告代理与客户的全面关系之前处理妥善。

我有一位很有才华的同事一年中遭到3个客户的非难，这一段遭遇深深地伤害了他，使他完全洗手再不干广告。要是你的脸皮太薄，经不起这种肆虐，你就不应该来干广告公司客户主管这一行。

我总是使用我的客户的产品。这不是有意奉承，而是最基本的待人接物的素质。我消费的东西，几乎都是我的客户生产的。我的衬衫是哈撒威牌的；我用的烛台是斯图本（Steuben）的；我的车是劳斯莱斯的，汽车油箱里灌的是超级壳牌汽油；我的衣服是在西尔斯-罗伯克公司定做的；早餐我喝的是麦氏咖啡或是泰特莱的茶（Tetley Tea），烤两片佩珀里奇农场（Pepperidge Farm）的面包；我用多芬香皂（Dove）、班恩牌（Ban）体香剂；用Zippo打火机点我的烟斗；日落之后我只喝波多黎各的朗姆酒和舒味思软饮料；我读的报纸都是用国际纸业公司生产的纸印的；度假（去英国或波多黎各）时，我总是通过美国运通（American Express）订票，乘的是荷兰皇家航空公司的飞机或半岛暨东方轮船公司（P&O-Orient Lines）的客轮。

请问，难道这有什么不对头的地方吗？这些东西、这些服务难道不都是最上乘的吗？我说是的，也正因为是，我才为它们做广告。

客户决定用我们的公司作为他们的广告代理，是因为他们认定我们是他们的最佳选择；是经过他的顾问对我们能提供些什么做了彻底的调查之后才得出的结论。但是斗转星移，他会聘用新的顾问。一旦有了这样的变动，广告公司最好尽快说服新顾问：他的前任选择我们公司的做法很正确。要像对待可能成为我们客户的广告主一样对待新顾问。

如果碰上了大厂家，这种不断说服他们继续任用的事会没完没了，既费时间又令人生厌，可是却又至关重要。新官对广告公司和客户关系的稳定始终是个威胁。

对广告公司来说，最危险的事莫过于依赖单一的个人来联系客户了。要是一家大厂商的总裁聘用你的公司做他的广告代理是因为他喜欢你们的总裁，那么，你必须马上采取措施，在低一些的层次上和他们建立关系。只有广告公司在各个层次上和客户都建立了稳固的关系，你才能指望比较长期地代理这家客户的广告业务。

我不相信和客户的接触应该限制在客户主管身上。让你的调查研究、媒体、文案、美术、电视广告制作、营销等其他部门的人熟识你的客户，工作起来就会更好一些。这样做，有时也会闹笑话，因为这些幕后人员并不都善于待人接物，有些人总无法给人以好印象。只有真具慧眼的客户才能看出，口拙舌笨的人也可能写出令生意备加兴旺的好广告来。

医生很难开口对病人说他的病很严重，广告公司同样很难启齿对客户说他的产品有严重缺点。我知道有这样的客户，他们讨厌这样的坦率甚于讨厌来自自己妻子的批评。一位厂商对自己产品的自豪感差不多总要使他对自己产品的缺点视而不见。可是广告公司迟早要碰到这个棘手的问题。坦率地说，我干不好这样的事。有一次，我告诉我的一位客户，我对他的通心粉质量的稳定有怀疑，他却反过来问我，能不能为我所不喜欢的产品做出好广告来？我丢失了这家客户。不过，话又说回来，总的说来，客户方面欢迎开诚布公的意见，特别是欢迎根据消费者调查得来的意见。接受诚恳意见的倾向正在增加。

广告公司领导人手里的事有千千万，于是他常常在出现危机的时候才会见他的客户。这是不对的。如果你养成了在风平浪静的时候会见你的客户的习惯，你就可能和客户建立起一种在大风大浪来临时能救你性命的融洽关系。

　　承认自己的过错很重要，而且要在受到指责前就这样做。许多客户的周围都尽是那种惯于把自己的失败归咎于广告公司的高手。我抓住最早的机会承担指责。

　　想想看，我们辞掉的客户数量3倍于我们被客户辞掉的次数。我不容许我的雇员被暴君欺凌，我不能听任客户指手画脚令我按他的旨意策划广告方案，除非我相信他的意见基本上是可行的。要是你迁就容忍，你的公司的创作声誉就要受到损害，而这种创作声誉正是你最可贵的财富。1954年，我犯了一个这样的错误。当时利弗兄弟公司里我的朋友杰里·巴布坚持要我们在一则广告里同时宣传老产品林索（Rinso）肥皂粉和新产品林索蓝色洗涤剂。研究过去的例子后，我们明白在一则广告里宣传两种产品是不划算的，特别是其中的一种是新的，而另一种是将逐步被淘汰的。更糟的是，杰里指定我要给广告注入诙谐的欢乐气氛。

　　一连好几个星期，我尽力向他推荐以严肃的广告来宣传林索牌，这种手法曾用于汰渍（Tide）和其他品牌的洗涤剂，都取得了很好的效果。可是杰里却寸步不让。暴风雨要来临的信号球升起了。他的得力助手警告我，若是我不按着指示办，我就要丢掉这个客户。最后，我屈服了。我用了两小时加一瓶波多黎各朗姆酒，写下了广告史上最愚蠢的文案。是一首小诗，用的是《男孩女孩快来玩》那首歌的曲调：

> 白林索还是蓝林索？
> 肥皂粉还是洗涤剂——全凭您决定！
> 全都能洗漂雪白洁净赛新的，
> 选哪个，好太太，全凭您决定！

这可怕的下等广告按时推出了。我的脸丢得干干净净。我的部属以为我疯了，利弗兄弟公司各工作部门得出结论说我对用什么样的广告才能说服家庭主妇买洗涤剂毫无概念。6个月之后我们被辞掉了，活该。

厄运并未到此结束。此后几年，我根本找不到态度严肃的人来奥美公司工作。后来我对来人说，我和他一样瞧不上我那愚蠢的林索广告之后，情况才有了好转。

这段插曲教育了我，在重大策略问题上，讨好迁就客户是不值得的。慕尼黑的悲剧一个就够了。

客户不能让我有利可图的时候，我也辞掉客户，对里德暨巴顿公司（Reed & Barton）就是这样。我们得到的佣金不够补偿我们为他们提供的服务，经营这家老字号的罗杰·哈洛韦尔不愿补偿我们蒙受的损失。我很喜欢罗杰和他的所有同事，但是我不准备无休止地赔钱做他们的生意。我以为，让我们辞掉他们，是他们的过错。我们为他们多得利润做过很重要的贡献，教会他们怎么样做银器新花饰的预测。要推出一种新花饰需花掉50万美元，任何男性经理也无法预言什么样的花饰对19岁的新娘最有吸引力。

我对产品失去信心的时候，我也辞掉客户。一个广告代理鼓动别的消费者去买他不让自己的妻子去买的产品，是极不诚实的。

接替克劳德·霍普金斯担任洛德暨托马斯公司主任撰稿人，又因为创造了肥皂剧而赚了大钱的弗朗克·赫默特一次对我说："所有客户都是蠢材。一开始你可能不这样认为，但最终你会改变想法的。"

这不是我的感受。我碰到过一小撮蠢材，我辞掉了他们。可是，除少数例外，我是很喜欢我的客户的。要不是因为我成了他们的广告代理，那么像特德·莫斯科索（这位伟大的波多黎各人，后来成了美国驻委内瑞拉大使和进步同盟的领导人）这样的人，我是永远也没有机会和他交上朋友的。

要是我没有争取到斯图本玻璃器皿厂的广告业务，我也不会和阿瑟·霍顿交上朋友。我发现，这位工业史上最了不起的当代艺术赞助人、最著名的珍版书收藏家和最富幻想力的人类学学者成了我的客户那天，真是我一生中最重大的日子。

许多客户成为我的亲密朋友。哈撒威公司的埃勒顿·杰特安排我当选为卡尔比学院的董事，使我的生活得到丰富。半岛暨东方轮船公司的科林·安德林爵士是我结识的唯一一个同时是苏格兰舞蹈和刺绣专家的客户。舒味思公司的海军中校怀特黑德（Whitehead）开始是客户，后来成了我最亲密的伙伴之一。我们一起乘船触过礁，我们的妻子凑在一块儿聊自己丈夫的琐事消遣时光。

赫莲娜·鲁宾斯坦始终使我着迷。这位娇小的波兰美人19世纪在澳大利亚创业，18岁就赚了3万英镑。在聘用奥美公司的时候，她已经是一位事业上非常成功的女性，业务遍及世界各地。在办公室里她是女王，但是她也有令人无法抗拒的幽默感。我见过她不下百次，在烦死人的沉闷会议中间，她会笑得那么开怀，泪水竟流到腮边。作为朋友，她是欢乐和慷慨的令人着迷的结合体。

我钦佩鲁宾斯坦夫人的另外一点是她的表里一致。她就像她的外貌那样非凡，没有丝毫矫揉造作。格雷厄姆·苏瑟兰在描绘她时抓住的就是这一点。

有些公司热衷于把什么事都弄到委员会里去。他们吹捧"集体协作"而贬低个人的作用。可是没什么"集体"可以协作出广告来，我怀疑有哪家有作为的广告公司能不靠某个个人的撑持。

客户有时问我，若是我被出租汽车压死了，我的公司会成什么样子？它会变的。参议员本顿和州长鲍尔斯离开他们的公司后，公司变了——变好了。智威汤逊公司在汤普逊（Thompson）先生离开后继续活下来。麦肯公司在哈里·麦肯（Harry McCann）退休后业务发展到高峰。甚至，可能是历史上最好的广告公司领导人的雷蒙·罗必凯（Raymond Rubicam）的退休，也没有影响扬罗必凯公司的发展。

像助产士一样，我靠接生为生，只不过不同的是，我迎到世上的新生婴儿是一个又一个新的广告。一个星期我要到我们的"产房"一两趟，主持一般所说的提案会。参加这种令人讨厌的仪式的有我手下的六七个人和客户家族中的一些权贵，气氛十分紧张。客户方面知道他们将被请求批准一项耗资百万的广告计划。广告公司则已经为奉献这项计划投进了大量的时间和金钱。

在我们公司，我们常面对自己的策划委员会（Plans Board）做提案演习。策划委员会由我们的资深评审委员组成，这些人比我遇到过的任何客户都更挑剔。他们批评时使用的言词更加尖刻、更不顾情面。一套方案能够通过他们的检验，应该说是可以的了。

可是，不管我们的方案多么完美，不管我们的企划人员对实际的营销做过多么彻底的评估，不管我们的文案人员做的工作多么出色，在提案会上，可怕的事情还是会发生的。

要是提案会在清早举行，客户可能还没有完全清醒。有一次我犯了个错误，把为西格拉姆公司的萨姆·布朗夫曼举行的提案会安排在午饭之后。会上，他睡着了，醒来的时候情绪很坏，否定了我耗费好几个月准备的广告方案。

布朗夫曼不喜欢大部分广告公司使用的那种让好几个人做提案的办法。我也不喜欢。一个人把什么都说完，引起听众厌烦的程度要小些。他应该是最有说服力的辩护家，他对一切情况都有充分的了解，受得起反复质询。

我亲自对客户做广告提案比别的公司老板要多，一来是因为我自信我是一个善辩的人；二来是因为没有比这样做更能向客户表明公司领导亲自过问他的事了。连律师都不会像我一样花费那么多的夜晚来准备那一个又一个有规律按时压来的方案。

花极大苦功准备给客户的提案是值得的。写这些提案应该用最流畅的笔调，尽量避免矫揉造作。提案中应该使用无法驳倒的事实。

但是，仍然会有一些客户不喜欢广告公司用内容非常扎实的方案来提案。他们喜欢评价没有任何说明和解释的"真空"广告草图，就像是挑选送展的照片一样。舒味思公司的弗雷德里克·胡帕爵士（Sir Frederic Hooper）就属于这一派。我第一次向他介绍一份营销方案的时候，他很快就听烦了。他原准备花半个钟头听上一点能够转移注意力的文学批评讲话，却未料到要承受的是令人厌烦的对市场实情的背诵。在介绍的第19页上，我的一个统计和他的基本设想不一致。他叫了起来："奥格威，你对广告的这种统计方式真是幼稚之极。"

我不知道这样的恭维对准备我们方案的统计专家有什么影响。但是我毫不让步。5年以后，弗雷德里克爵士邀我去他主持的一次广告大会上做报告，对我做了一次"光荣的补偿"。他建议在我的报告稿里使用他新近得到的结论："到头来，客户对向他们讲实话的广告公司是感激不尽的。"那时舒味思的软饮料在美国的销售量已增长了517%。此后我们一直相处得很好。

另外一位不愿意让实情数字搅得昏头昏脑的客户用最为哀伤的语调对我说："大卫，你那个公司毛病出在有客观头脑的人太多了。"

向委员会介绍复杂方案的最好手段莫过于提高嗓门大声朗读了。它能起到把满屋人的注意力都吸引到你的讲话上来的作用。在这方面我有些建议可供参考。听起来好像事情不大，但是它却可能对一个提案的成功有关键性的意义：你高声朗读的时候，一个字也不要离开你印发给大家的文稿。诀窍在于它可以从听和看两个方面同时触及他们的感官。如果眼睛看到的是这样的词句，耳朵听到的却是另外一种，他们就会糊涂，注意力就会分散。

直到现在，每次做提案之前，我们都还紧张得要死。我对我的英国口音会对美国人产生什么影响感到担心。美国厂商怎么会对外国人有能力影响美国家庭主妇的行为有信心呢？在内心里，我深知我和盖洛普博士在普林斯顿相处的日子使我对美国消费者的习惯和思想状态有了许多了解，比美国自己大多数文案撰稿人能够做到的还要多得多，我总是希望这个事实能在我做提案的时候明显地表露出来。所以在开始介绍的时候，我总是先说那些无人会质询的明白道理。在听众熟悉我的口音以后，我才谈那些会引起争议的论断。

我头一次允许我的下属单独向客户介绍我们的广告方案的时候，我知道我的在场会增加他的紧张。因此，我藏在隔壁的屋子里，通过一个小孔观察他的表现。这人是加列·莱德克（Garret Lydecker），他的提案做得比我此前或此后做的都要好。

如今，我有了好几位第一流的提案人做伙伴。参加他们的提案会我也不再有什么顾虑，甚至在我诘难他们的时候，他们也能泰然自若。经过提案后的讨论，我们就可以敲定一种方案，它既不是客户的，也不是广告公司在提案会开始时提出的。这样双方就有了一种志同道合的感觉，打破了那种把广告公司和客户对立起来的传统。

在某些广告公司里，客户主管可以差遣创作人员。有些客户因此而得到好印象，以为他们的广告是由"会做生意的人"掌管着，很安全。但是它制造了一种压制文案撰稿人的气氛,客户最终得到的是二流广告。在另外一些公司里,客户主管又变得和饭店的服务员差不多,只是把广告从创作部门端到客户跟前。如不向总部汇报,客户提出的最微小的修改意见他们都不可能接受。他们被剥夺了对问题做出判断的权利,最终成了跑腿的人。

两种做法我都不赞成。我有能干的文案撰稿人,他们和那些有权和客户打交道的客户主管一道和谐地工作。客户主管则很成熟,能老练地掌握他们主管的客户业务的每一个环节,也不至冒犯撰稿人的权威。这是极微妙的平衡,我知道只有另外一家广告公司能做到这一点。

今天我们公司推出的营销方案比起我在我们早期阶段写的更具专业性、更客观,组织安排得也更好、更有说服力。但是,也有一些写得生意经味道十足——从百分比看、尤其重要的是、缓冲、最大限度等等,不一而足,令我十分不安。小时候,每天早饭前我都被逼着背12首《圣经》诗文。9岁时我开始读拉丁文。在牛津,我受那些对德国学者风格持否定态度的教师影响,认为德国文学枯燥无味,缺乏幽默感,也没有多少可读性。人们教我不要读蒙森①的东西,要多读吉

---

① 克利斯琴·马赛厄斯·蒙森(Christian Matthias Mommsen,1817~1903),德国历史学家和古典学者。——译者注

本、麦考莱和特里维廉①的作品,这些人写的东西才是写来给人读的。这类教育使我缺乏读今天我在做准备工作时碰到的那种华而不实的材料的能力。美国商人还没被教会这样的道理:使自己的同胞厌烦是一种罪恶。

---

① 爱德华·吉本(Edward Gibbon, 1734~1794),英国学者、政治家和作家。罗斯·麦考莱(Rose Macaulay, 1881~1958),英国女诗人,小说家。乔治·麦考莱·特里维廉(George Macaulay Trevelyan, 1876~1962),英国历史学家。乔治·奥托·特里维廉(George Otto Trevelyan, 1838~1928),英国政治家、传记家及历史学家,乔治·麦考莱·特里维廉之父。原文未说明这里指的是哪一位特里维廉。——译者注

摄于法国杜佛古堡书房前——正在指挥奥美世界管弦乐团

第四章
怎样当一个好客户

David Ogilvy

世界最大的广告主之一最近聘用了一位著名的管理工程师开办的公司调查他的广告和利润之间的关系。做这项调查的统计专家跌进了一个出奇普通的陷阱：他以为唯一起作用的变数就是一年年投入的广告费用的总数。他不明白花100万美元于有效广告比起花1 000万美元于无效广告的推销力还要大。

邮购广告的广告主们发现，只要改动一下大标题，销售额就可能增加10倍。我见过一些电视广告片推销某种产品的效率5倍于同一个人创作的其他广告片。

我知道有一位啤酒生产商，在他的顾客当中，没有看过他的啤酒广告的要比看过的多。低劣的广告会使产品滞销。

出现这种灾难，责任有时在广告公司，但往往该责怪的是客户。有什么样的客户就有什么样的广告宣传。我为96家客户做过广告，有很难得的机会来比较他们的态度和办事程序。有的人所作所为极其糟糕，使得没有一家广告公司能为他们创作出有效的广告来。有的则表现得很好，无论哪家广告公司都会为他做出有效的广告来。

在本章中，我要写下 15 条规则，倘若我是客户，我会遵照这些规则和我的广告公司打交道，相信他们会提供最好的服务。

1. 消除你的广告公司的惶恐心理

经营广告公司大部分时间是令人胆战心惊的。这一方面是因为在广告公司工作的人很自然地都缺乏职业保障。另一方面，许多客户都明白无误地把自己总是在物色新的广告公司的事形之于色。在战战兢兢的环境里是无法创作出好广告的。

拒绝了劳斯莱斯的业务以后，我毛遂自荐拜访了福特汽车公司，以求"认识认识"。他们的广告经理拒绝见我，使我终生感激不尽。他说："底特律是一个小城市。如果你来拜访我，就会有人知道。我们现在的广告代理就会有所闻而产生惶恐。我不想让他们担惊受怕。"

若我是客户的话，我定会竭尽全力使我的广告公司从恐惧中解脱出来，甚至为此签订长期合同也在所不惜。

我的朋友克拉伦斯·埃尔德里奇（Clarence Eldridge）在广告

圈子里的两方都干过。在担任扬罗必凯公司的策划委员会主席期间做出好成绩成名之后,他去当了通用食品公司负责营销的副总裁,接着又去甘浦罐头汤公司当首席副总裁。这位在客户和广告公司关系方面有发言权的行家认为:"有一个词可以概括客户和广告公司的理想关系,就是稳定性(permanency)……要想求得稳定,双方从一开始,头脑里就要装着这个概念。要想方设法有意识地把它植入相互关系中。"

亚瑟·佩奇(Arthur Page)聘艾耶父子公司(N. W. Ayer)为美国电话电报公司(American Telephone & Telegraph,AT&T)的广告代理。他常常对艾耶公司的服务不满,但是,他没有像许多客户会做的那样辞掉这家公司,而是把艾耶公司的头头找来,要求他把工作理顺。结果,美国电话电报公司的广告宣传从未受到那种更换广告公司可能带来的各种麻烦事干扰。艾耶公司的一位能人,乔治·赛西尔(George Cecil)为美国电话电报公司撰写广告文案30年,成功地在一个不喜欢垄断的国家里为这家垄断公司塑造了一个很受欢迎的形象。亚瑟·佩奇是一位很明智的客户。

广告公司很容易就被搞成替罪羊。比起向股东们承认产品有问题或是经营不善来,辞退自己的广告公司更为轻而易举。然而,在辞掉自己的广告公司之前,你不妨自问以下的这几个问题:

1. 宝洁公司和通用食品公司从他们的广告公司那里得到优质的服务,从不曾更换过广告公司。为什么?
2. 聘用新的广告公司是不是就能解决你的问题,还是只不过是把垃圾扫到地毯下面而已?问题的根子到底在哪里?
3. 是不是你的竞争对手使你的产品落后过时?
4. 你是不是曾经指示过要按你的主意创作广告,而现在又把责任推给广告公司?
5. 你是不是吓唬你的广告公司,使得他们不知所措?
6. 你的广告经理是不是一个会否定广告公司的最好建议的庸才?
7. 你的广告公司在为你服务中获得的你的秘密被你的竞争对手利用,你的感受如何?
8. 你是否意识到更换广告公司会搅乱你的营销活动12个月甚至更久一些?
9. 对你的广告公司的头头你是不是坦诚相见?如果你对他讲清你的不满,他或许会备加努力,使你得到的服务比从新的广告公司那里能得到的更好。
10. 你是否考虑过这样的实际情况:你辞退一家广告公司,你会使那些曾为你服务过的男男女女失业。就没有别的办法能避免这种人间悲剧吗?

有好几次,我劝那些想聘我们公司做广告代理的厂家不要更换广告公司。比如,霍尔玛克卡片公司(Hallmark Cards)的头头派人来游说我,我告诉他们:"你们的广告代理为你们挣来了巨大的财富,做过很大的贡献,聘用另外的广告公司是粗暴的忘恩负义的行为。你们要向他们说清,到底对他们的哪些服务不满意,我相信他们会改进的,还是继续聘用他们吧。"霍尔玛克公司接受了我的劝告。

一家罐头公司邀我们去竞争他们的广告业务,我说:"尽管环境极端困难恶劣,但你们的广告代理对你的服务一直是第一流的。而且我知道,他们在赔本为你们做广告,你们不仅不能辞掉他们,还应该奖励他们才是。"这家公司的一位年轻经理气愤地说:"奥格威先生,这可是我听过的最无理的话。"可是他的同事们认定我是正确的。

玻璃器皿制造商学会要我参加竞争他们的广告业务的时候,我鼓励他们继续聘用一直为他们提供优质服务的肯尼恩暨埃克哈特广告公司(Kenyon & Eckhardt)。他们没有理睬我的建议。

2. 首先要选准广告公司

若是你花股东的大笔钱财用于广告,而你的盈利又有赖于广告的有效性,你就有责任花一番心思来选择最好的广告公司。

不在行的人会利用招标办法来吸引一些广告公司提供免费的投标广告方案。在这种竞争中获胜的是那些把公司最有才干的人员投在竞争新广告业务上的广告公司,他们把已经揽到手的客户交给二流人员照管。如果我是广告客户,我就要找一家不设新客户开发部门的广告公司。最好的广告公司不需要这种部门,他们不做投标性的广告活动,而是按照自己的业务能力发展广告业务。

选择广告公司最合情理的办法是聘用一位了解广告界现状、能够做出判断的广告经理,责成他找来他认为最能配合你的业务的三四家广告公司制作的有代表性的印刷广告和电视广告。

之后,可以通过电话向这些广告公司的客户打听一番。和宝洁公司、利弗兄弟公司、高露洁公司、通用食品公司和布里斯托尔-迈尔公司这样一些聘用若干家广告公司的广告主谈谈,他们的信息是特别能够说明问题的,能给你提供有关大部分一流广告公司的不同层面的情况。

然后,邀请竞争你的业务的各个广告公司的最高主管各带上两位他的骨干人物分别去你家晚餐。让他们放松敞开地谈话,看看他们对他们已有客户的秘密是否能够守口如瓶,看他们在你说了些蠢话时是不是有勇气表示异议。观察他们之间的关系,是忠诚合作的同事呢还是各怀鬼胎的耍手腕的人?他们是不是对你做出明显是夸大了的承诺?他们是死气沉沉还是干劲十足?他们是不是善于倾听别人的意见?他们是不是真诚?

特别是,看看你是不是喜欢他们。客户和广告公司之间的关系必须是亲密的,如果双方的人际关系不协调,那就无法进行合作。

不要错误地认为在大广告公司里你的业务就会被忽视。大广告公司里从事实际工作的人比起上面的那些头面人物来往往更能干也更肯苦干。另外一方面,也不要认为大广告公司能比小广告公司为你提供更多的服务。不论在大广告公司还是在小广告公司,为你服务的人员数目大体上是相等的——你花100万美元,大约是9个人为你服务。

3. 向你的广告公司全面彻底地介绍你的情况

你的广告公司对你的公司和你的产品了解得越多,他们为你做的广告就越好。通用食品公司聘我们为他们的麦氏咖啡做广告的时候,他们给我们讲解咖啡生意。我们日复一日地听他们的专家介绍新鲜的咖啡豆、咖啡混拌、烘焙、定价,以至这行生意的经营诀窍。

有些广告经理过于疏懒,完全不懂得怎样好好地向他们的广告公司介绍情况。碰到这种情况,我们只好自己去发掘。结果,我们拿出广告提案的时间总要延宕,让所有有关的人泄气。

4. 不要在创作领域里与你的广告公司较高低

何必养了狗又自己汪汪叫呢?

在后座对司机指手画脚，这种做法必然要让优秀的创作人员丧失灵感。要是你这样做了，我只好请上帝保佑你。应该向你的广告经理讲清楚，创作广告是广告公司的责任，不是他的，告诫他无须去分担广告公司的责任。

在埃勒顿·杰蒂把哈撒威牌衬衫的广告业务交给我们来做的时候，他说："我们准备做广告了。我们的广告预算每年不足3万美元。若是你肯接受，我可以向你保证你的广告文案我一字不改。"

于是，我们接受了哈撒威牌衬衫的广告业务。杰蒂信守了他的诺言，对我们的广告文案一个字也没有改动过。他把为他做广告的责任全盘交给我们。若是我们为哈撒威牌衬衫做的广告失败了，责任全在于我。可是并没有失败。从来没有过用这样低的花费建立起一个全国家喻户晓的品牌的先例。

5. 悉心照料给你下金蛋的鹅

被请去为还没有出实验室的新产品策划广告活动，这大约是广告公司能遇到的最重要的工作了。

在我写这一段的时候，我正在做这样的工作。这种新产品是100多位科学家花了两年时间研制出来的。但客户只让我用30天的时间来塑造这种产品的个性，筹划如何把它成功地推进市场。如果我干得好，我对这个产品成功方面的贡献就相当于那100多位科学家所做的。

这不是新手能干的事。它要求策划广告活动的人能洞悉市场、有丰富的幻想力，还能运用调查研究得来的资料厘定产品名称、包装和对消费者应该做出怎样的承诺。同时他还要考虑到在竞争者推出同样产品的时候的对策。另外，同样重要的是，他必须有创作能力，能为产品创作有效的广告。环顾美国市场，我以为具有这等才能和素质的人才，可以说真是凤毛麟角。而客户一般又都要广告公司承担制作这种提案的花费。若厂商能像他们投资于新产品开发一样投资于新产品的广告宣传和促销活动的话，新产品在市场上的成功率将会大大增加。

6. 不要让一层又一层的机构干预你的广告宣传

我知道有一位广告主，在自己的公司里搞了5道关卡来审查确认他的广告公司为他策划的广告方案，每道关卡还都有改动和否决广告方案的权力。

这种做法会产生严重的后果。它会使秘密信息泄露出去，把有能力的人拴在一个又一个没有必要的作品审查会议里，把原来简明朴素的方案搞得面目全非。最糟糕的是，它搞起一种"创作政治"，毒化了气氛。文案撰稿人学会了迎合客户各层次头头的本事，到处捞取资本。一旦撰稿人成了玩弄权术的人，那他就够得上约翰·韦伯斯特①所描绘的："玩弄权术的人模仿魔鬼，正如魔鬼模仿大炮：不管他们在哪里干坏事，他总是背朝着你。"（《白色的魔鬼》，约1608年。）

如今人们在电视上看到的那些乌七八糟的广告，大多是集体确认的产物。这样那样的委员会集体可以对广告提意见，但是决计不能让他们创作广告。

大多数使品牌出名从而使厂商赢得财富的广告莫不是一位脚踏实地、胸有成竹的文案撰稿人和一位与他配合默契、循循善诱的客户精诚合作的结果。戈登·西格罗夫（Gordon Seagrove）和杰里·兰伯特（Jerry Lambert）就是以这样的伙伴关系树立起李斯德林（Listerine）漱口水品牌的。特德·莫斯科索和我也是以这种关系为波多黎各做广告宣传的。

西格拉姆公司主管广告的负责人委托我们为基督圣徒酒（Christian Brothers）做广告的时候，他们告诫我说，广告不仅要使他们的大头目萨姆·布朗夫曼感觉满意，而且要经纳巴谷基督圣徒院的酒库主管教士和其他僧侣认可。我还在读小学的时候就很喜欢都德②所写的

---

① 约翰·韦伯斯特（John Webster，1580～1625），英国戏剧家。——译者注
② 阿方斯·都德（Alphonse Daudet，1840～1897），法国作家，他的《最后一课》是闻名世界的作品。——译者注

第四章
怎样当一个好客户

关于一位叫做高谢的神父（Père Gauchet）怎么样在试验酿造一种最优、最醇的酒的过程中自己变成了一个酒徒的故事。因此我决定拿酒库主管教士来做我们广告宣传的主角。

西格拉姆公司批准了这个方案，酒库主管教士也同意以他的形象作为这次广告活动的人物，做我在宗教界的怀特黑德海军中校[①]。不过他认为有必要把我们的设计草图送给罗马他的上司审阅。那位著名圣人一下子就把我们的方案否定掉了。不久之后，美国一位红衣主教出面干预，指令我准备一个"无冲击力"的广告方案。这项异乎寻常的指示不啻是要剥夺我的优势，接着我就递上了我的"辞呈"。受多头控制的客户给人出的尽是无法解决的难题。

7. 确保你的广告公司有利可图

你的广告代理公司拥有不少客户。如果公司觉得为你创作广告无利可图，他们就绝不会派第一流的人才为你服务。而且，他们迟早会找能让他们赚钱的客户来取代你。

现在，广告公司要想赚钱是越来越难了。广告公司代表客户每花100美元可得的平均利润是34美分。按这样的利润率来玩，真不值灯

[①] 奥格威为舒味思软饮料公司所创作的广告中的人物全都是该公司的老板怀特黑德海军中校。——译者注

烛钱。

广告主对广告公司的付酬办法，依我的经验来说，以按广告公司所提供的服务付月费（fee）取得的效果最好。传统的15%的佣金制与潮流是相悖的，特别是很不适合需要大量促销活动的"包装"商品。这些商品的广告主都希望广告公司客观地把他们的广告预算分配给媒体广告宣传和促销活动。由于媒体广告宣传有佣金收益而促销活动则没有，在这种情况下，要求广告公司不偏不倚是不切实际的。

我认为，广告公司所得的报酬与能说服客户投于广告宣传的费用脱开联系，对广告公司和客户来说都是最令人满意的。能够这样的话，即使我建议我的客户多花些钱做广告，他们也不会因此而怀疑我的动机；即使我劝客户少花点钱做广告，我也不会因此而引起我们的股东的不满。

我不害怕广告公司之间发生价格战。一段时间之内的价格竞争会使上乘的广告公司获胜，使经营不当的广告公司失败，而广告表现的总水平会因此提高。好的广告公司的收益理应比不好的广告公司高。

我宣布奥美公司准备实行按对客户提供的服务向客户收取月费的办法受到了广告公司之外的许多有识之士的赞许。麦肯锡公司（McKinsey & Company）的老板写道："在公开反对过时的付酬方式方面，你的主张显示了你真正的领导作用。"克拉伦斯·埃尔德里奇（Clarence Eldridge）写道："要祝贺你在打破传统方面表现的勇气和对广告公司报酬问题的合乎逻辑和现实的态度。这标志着一次重大的突破。"

可是我收取月费的主张很不受我的广告公司同事的欢迎，我几乎被开除出美国广告公司协会（American Association of Advertising Agencies），而那时我还是这个协会的理事呢。这个可敬的协会为把广告公司的服务佣金固定在15%上奋斗了30年，而会员公司对这条规定也是绝对遵从的。1956年政府出面干预，禁止强制执行这条规定，但是这种传统却还一直保留着。不论哪个广告代理商，只要他拒绝这种保守的佣金办法，他就是行为不端。

8. 不要和你的广告公司斤斤计较

如果你容许你的职员贪小便宜，却在付费问题上与你的广告公司斤斤计较，那你就犯下了错误。

譬如，你在花钱做市场调查上很小气，其结果就是你得不到足够的调查，你的广告公司就不得不盲目行事。这样，受损失的还是你自己的公司。

反之，若是你主动把电视广告效果预测的费用、分项测试印刷广告的制作费以及其他广告调查费用承担下来，那么，你的广告公司就有钱来继续测试，寻找更能获利的广告。

你不要指望你的广告公司会为所有替你挖的掘不出油的干井掏钱。譬如说，如果他们制作的电视片的效果不如故事板显示的那样好，你就请他们再试一次，钱由你来付。电视是一种极难驾驭的媒体。我至今还没有看到过令我感到满意的电视广告，但是我却无力自己花1万美元去重拍一部电视广告。

我们为维姆（Vim）洁净片制作完第一部电视广告的时候，利弗兄弟公司的一位聪明人对我说："你还能找到什么别的办法改进一下这部电视广告吗？"

我说我还可以想出19种办法来。"好，"他说，"我们准备花400万美元来播放这部电视广告。我要求它有最强的宣传力。重做一遍，我们付钱。"大部分客户都会坚持重新制作的费用由广告公司支付，这种态度会使广告公司以拙劣的修补掩饰他们极端的不满。

亚瑟·霍顿（Arthur Houghton）要我给斯图本公司做广告。他斩钉截铁地指示说："我们生产世界上最好的玻璃器皿，你们的任务是创作最好的广告。"我回答说："生产完美无缺的玻璃器皿是很困难的，即使是斯图本的巧匠也有生产出残次品的时候。你的质量监督员一检查出残次品就把它们毁掉。创作广告也同样困难。"

6个星期以后,我给他看了我们第一份斯图本玻璃器皿广告的样稿,是彩色的,费用是1 200美元,广告的版制得不够完美。亚瑟二话没说就同意我把它毁掉重做新的。对这种豁达的客户是无法敷衍塞责的。

9. 坦诚相见、鼓励坦率

要是你认为你聘用的广告公司表现很糟,或者你认为某一份广告做得不够分量,千万不要绕圈子,要讲清你的想法,直言不讳。客户要是在和他的广告公司的日常接触中捉迷藏,其后果会是灾难性的。

我并不是说你应该威胁广告公司。不要说"你干的这种活哪里够格,你明天要是拿不出像样的广告来,我就要另请高明了"。这种粗暴的语言只能瓦解士气。换个说法会更好一些:"刚才你给我看的东西没有达到你们通常的水平,请再试试。"同时,你要明确解释清楚你觉得广告什么地方不足,别让你的广告公司去猜测你的意思。

你的坦诚会使你的广告公司同样坦诚。若无双方的坦诚相待,任何伙伴关系都不会有成果的。

10. 定出高标准

不要打短打。要明确表示你要求你的广告公司打本垒打①。他们若是做到这一点，就多给他们奖励。

许多客户在他们的产品销售不好的时候轻易责怪广告公司，可是在产品销售上升的时候又舍不得把功劳归给它们。这是不体面的。

可是千万不要让你的广告公司躺在成绩的桂冠上，要不断地鼓励它们攀登更高的巅峰。也许你目前已有了一套很好的广告活动方案，可是你应该马上要求你的广告公司开始研究创作另一套更好的。

一旦你发现某个广告活动方案的测试效果比你正在使用的好，你就换上它。可是，不要只是因为你对某个广告方案厌烦了，你就要摒弃它，家庭主妇不像你那样经常看到你自己的广告。

创作出一套最好的广告活动方案并连续使用它若干年当然是最好的事，问题是怎样才能创作出这样一套最好的广告活动方案。并不是每棵树上都长着好广告。要是你和我一样也是广告创作人，你就会明白。

---

① 短打及本垒打：均为棒、垒球运动的术语。短打指攻击手虽击中投来之球，但未产生能使他从本垒经一、二、三垒跑回本垒得分之机会；本垒打则指攻击手击中球产生的机会足以使他一气跑回本垒得分。短打喻低标准，本垒打喻高标准。——译者注

11. 一切经过测试

广告语汇中最重要的词是"测试"。面向消费者测试你的产品、测试你的广告，你在市场上就会事半功倍。

25 种新产品中有 24 种在测试市场上通不过。厂家不做市场测试就将产品投向全国市场，如果失败了，他就会蒙受巨额经济（也蒙受名誉）损失。其实，这种产品原可在测试市场上不被人注意地被否定掉，厂家蒙受的经济损失也可以小一些。

测试你的产品承诺，测试你的媒体，测试你的标题和插图，测试你的广告尺寸，测试你的媒体投放频率，测试你的广告开支水平，测试你的电视广告。永不停止测试，你的广告就会不断地得到改进。

12. 急取效率

大公司里的年轻人不懂得时间之可贵，就好像利润不是时间的产物。杰里·兰伯特以李斯德林漱口水取得突破性成功的时候，他把时间按月分段，以加速整个市场营销进程。兰伯特每月查核一次他的广告和利润，结果他在 8 年的时间里赚了 2 500 万美元，而大部分人却要花 12 倍时间才能做到这一点。杰里·兰伯特主持兰伯特医药公司（Lambert Pharmacal Company）的那些年，公司不是按年，而是按月过日子的。我向所有的广告主推荐这种做法。

13. 不要为有问题的产品浪费时间

大多数广告主以及他们的广告公司花费过多的时间在重振遇到麻烦的产品上,却只花很少的时间动脑筋让已经获得成功的产品更上一层楼。在广告业,看一个人是不是有胆识,就看他是不是能在面对测试的不利结果时舍卒保帅继续向前。

集中你的时间、才智以及广告费去经营你的成功产品。对成功的产品应该投入更广泛的宣传。支持获胜的产品,舍弃失败的产品。

14. 珍惜良才

柯南·道尔[①]写道:"庸人所见,无不低于自己。"我的观察是,庸人能识别良才但嫉恨良才,终将毁掉良才。

广告公司里才华出众的人凤毛麟角。我们需要尽可能地发掘这些人才。但几乎毫无例外的是,他们都很难相处。要很珍惜他们,他们才会替你下金蛋。

---

① 柯南·道尔(Sir Arthur Conan Doyle,1859~1930),英国医生、小说家,以塑造私人侦探福尔摩斯的形象而闻名于世。——译者注

15. 勿使广告预算捉襟见肘

通用食品公司的老板、公司的前广告经理查理·莫蒂默（Charile Mortimer）说："不把钱花足好好做广告是广告宣传中最大的浪费。就像买票去欧洲，只买全程的2/3，你花的钱虽然不少，但是你却未能到达欧洲。"

我的体会是，广告主制定的广告预算，十中有九是偏低的，这很难达到预定目标。如果投入某一个品牌的广告费一年不足200万美元，那你就不要不断地做全国性的广告宣传活动。攥拢拳头，集中财力于最有把握的市场，要不然就把广告宣传瞄准某一个消费者阶层，或者干脆放弃做广告。我讨厌这样说，然而致富的道路还多得很。

摄于杜佛古堡奥格威心爱的花园里

第五章
怎样创作高水平的广告

David Ogilvy

  文案撰稿人、美术指导、电视广告制作人新到我们公司来工作的时候,都会被召集到会议室来领略一下我的"神灯"(Magic Lantern)①。这盏神灯向他们传授如何写标题、写正文、为广告编排插图、构思电视广告,以及如何为广告活动决定最基本的承诺。我讲的基本法则并不是我个人的意见,而是我从调查研究中学得的东西的精华。

  新来的人对我的讲话有各式各样的反应。有些人觉得由一个确实很在行的头头率领,自己有一种舒坦和安全的感觉。有些人则对在这

---

① 神灯,指阿拉丁神灯。名著《天方夜谭》中有一段故事讲青年阿拉丁为一魔法师取得一盏神灯和一枚魔戒指。一经摩擦,神灯的仆从巨神便现身显形。巨神服从持有神灯的人的指令,可以满足他的一切欲求。后来"神灯"被用来转喻能满足一切欲求之物。奥美公司内部训练教材名为"神灯"。——译者注

些严格的原则指导下工作的前景而感到不安。

他们说："可以肯定地说，这些教条会把广告搞得很枯燥。"

"不见得。"我回答说。接下去我向他们讲艺术领域中法则的重要性。莎士比亚按照严格的格律写十四行诗，总共14行，抑扬顿挫，韵律、起承转合，无不严谨不紊。难道说他的十四行诗枯燥吗？莫扎特写奏鸣曲所遵循的是同样严格的章法——呈现、发展、再现，也都井井有条。难道这样的作品也枯燥无味吗？

这些论点使大部分自命不凡的人折服。接着我对他们说，如果他们按着我说的原则去做，不用多久他们就会制作出好广告来的。

什么是好广告？有3种不同的观点。对什么东西都无所谓的人说，客户认可的广告就是好的。另一种人同意雷蒙·罗必凯的定义："上乘广告的最好标志是，它不仅能影响群众争购它所宣传的产品，而且它能使群众和广告界都把它作为一件可钦可佩的杰作而长记不忘。"我创作过广告界长记不忘的"可钦可佩的杰作"，可是我却属于第三派。我认为广告佳作是不引公众注意它自己就把产品推销掉的作品。它应该把广告诉求对象的注意力引向产品。好广告要诉求对象说的不是："多妙的广告啊！"而是："我从来没有听说过这种产品，我一定要买它来试试。"

第五章 怎样创作高水平的广告

使自己的技艺深藏不露,是广告公司的职责。埃斯基涅斯[1]演讲之后,听众说:"他讲得多好啊。"但是德摩斯梯尼[2]演讲完之后,大家说:"走,我们去进攻腓力[3]。"我是赞成德摩斯梯尼的。

若是新招聘的雇员不能接受什么是好广告的这个严格定义,我就请他们回原来的地方去干他们的老本行,过他们那种愚蠢无知的日子。

接下去我告诉他们,我不容许他们用"创作"(creative)这字眼儿来描述他们在我们公司里所从事的工作。Creativity(创造力)这个更为时髦的名词在厚厚的12册牛津大辞典里是找不到的。这个词使李奥·贝纳想起伯纳德·贝伦森[1](Bernard Berenson)的名言,说伊特拉斯坎人[2]给希腊艺术增添的只不过是些"不折不扣的不能登大雅之堂的东西"。费尔法克斯·科恩(Fairfax Cone)"希望把创造力这个

---

[1][2][3] 腓力,即腓力二世(Philippos II 或 Philip II,公元前382~前336),马其顿国王。在位时,马其顿很强大。他乘希腊各城邦衰落,大力扩张,侵入希腊,取得希腊领导权。埃斯基涅斯(Aeschines,公元前389~前314),古雅典政治家、雄辩家。德摩斯梯尼(Demosthenes,公元前384~前322),古雅典政治家、雄辩家。雅典后期民主派代表人物。反对马其顿对希腊诸邦的侵略,率雅典军队反对腓力二世。战争失败,德摩斯梯尼服毒自杀。——译者注

[1] 伯纳德·贝伦森(Bernard Berenson,1865~1959),美国艺术批评家。——译者注
[2] 伊特拉斯坎人(Etruscans),古时居住在意大利西北部的民族。西方有人说他们对古希腊艺术的发展有贡献,也有人说他们的文化水平低于希腊人,不可能对希腊艺术的发展有贡献。——译者注

名词从我们的生活中一笔勾销掉"。埃德·考克斯（Ed Cox）认为"撰稿人之间并没有什么有创作力或无创作力的差别；只有创作好广告的人和创作坏广告的人的差别"。请记住，李奥·贝纳、科恩和考克斯都是广告业中最有"创造力"的人。20年前，"创作"这个词被收进广告词典以前，我们的日子又是怎么过的呢？我很惭愧，我自己不时也用这个词。就在写这本书的时候，我也用了这个词。

在这一章里，我要向读者介绍一下，新雇员来我们奥美公司工作的那一天，他从我的"神灯"里可以看到些什么。我的"神灯"建立于调查研究的基础之上，而调研的信息和数据则有以下五个主要来源。

第一个是邮购公司的广告经验。这方面的代表人物是"每月一书俱乐部"（Book-of-the-Month-Club）的哈里·谢尔曼（Harry Scherman）、维克·施瓦布（Vic Schwab）和约翰·卡普尔斯（John Caples），他们对广告的现实的了解比任何别人都多，他们可以衡量出他们所写的每一则广告的结果。因为他们的看法不受极其复杂的分销渠道所左右，而正是这种复杂的分销渠道使大部分厂商无法把他们的广告绩效从其他五花八门的推销手段里分离出来。

邮购公司不受零售商的影响。零售商不为它做促销也不会导致它的产品滞销。它的全部销售工作都只能依赖广告。读者要么剪下邮购公司广告上附的那一页订购回单，要么不剪。邮购广告出现之后几天，撰稿员就知道它的广告的效果如何了。

27年来我一直都在研究邮购公司怎样做广告。我从观察中精炼出一些原则，这些原则我以为是可以普遍用于所有种类的广告的。

第二个宝贵的信息来源是研究什么技巧使百货商店成功或者失败。百货商店广告的优劣第二天就能从柜台营业情况中反映出来，所以我十分关注在这方面最有心得的西尔斯-罗伯克百货公司的广告活动。

我的"神灯"的第三个数据来源是盖洛普、丹尼尔·斯塔奇（Dr. Daniel Starch）、克拉克-胡珀（Clark-Hooper）和哈罗德·鲁道夫（Harold Rudolph）等的调查。他们调查了促使读者阅读广告的因素，盖洛普博士还调查了使大家记得他们从广告里读到了些什么东西的因素。总的说来，他们的调查结果肯定了邮购公司广告主的经验。

消费者对报纸杂志广告的反应我们知道的较多，对电视广告的反应我们知道的则较少。这是因为对电视的认真调查（我的第四个信息来源）只不过是10年前才开始的。即使如此，盖洛普博士和其他一些人，也已经就电视广告收集了颇为丰富的调查资料，足以使我们摆脱对电视广告效果的评估完全靠猜测的状态。（至于广播广告，各方面做过的调查是微不足道的。人们还没有来得及科学地使用广播，广播在电视的冲击下就有些过时了。不过，近来广播又恢复到可谓是广告媒体的灰姑娘的地位，是调查人员攻克它的时候了。)

第五个信息来源则较不科学。我惯于应用别人智慧的成果,我应用我的先辈和竞争者的智力活动的成果是最有成效的。我从雷蒙·罗必凯、吉姆·扬（Jim Young）和乔治·西塞尔的成功的广告中学到了很多东西。

好了,下面就是我创作能招财进宝的广告的妙方——假若你要来本公司任职,也是你必须遵循的 11 条戒律。

1. 广告的内容比表现内容的方法更重要

有一次我在第五大道公共汽车的上层听一位颇为神秘的家庭主妇对她的朋友说："亲爱的莫莉,要不是因为他们的广告文字是用 10 点加拉蒙字体①排印的,我大约就买那种新牌子的香皂了。"

信不信由你。真正决定消费者购买或不购买的是你的广告的内容（content）,而不是它的形式。你最重要的工作是决定你怎么样来说明你的产品,你承诺些什么好处。200 年前的约翰逊博士②说过："承诺,大大的承诺,是广告的灵魂。"在他卖铁锚酒厂（Anchor Brewery）的设施的时候,他是这样承诺的："我们不是来卖煮酒锅、酒坛子的,

---

① 点是欧美铅字大小的单位,每个点为边长 0.3478 毫米见方。加拉蒙字体是种较古老的字体,按法国克劳德·加拉蒙的设计发展而成。——译者注
② 塞缪尔·约翰逊博士（Dr. Samuel Johnson, 1709~1784）,英国词典学家、作家。他的名著包括《英文辞典》和他所编的《莎士比亚集》。——译者注

是来卖能获得连做梦都梦不到的财富的潜力的。"

选择正确的承诺极端重要,你绝对不能想当然地决定下来。在奥美公司,我们用5种调查方法来找出什么是最有分量的承诺。

一种方法是把产品分送到可能购买这种产品的抽样消费者的手里,产品附上一份承诺说明。随产品所附的承诺说明须是各不相同的。然后,来比较不同承诺所吸引到的反应的百分比的高低。

另一种办法是让消费者看印有不同承诺的卡片,请他们选择出最可能促使他们购买某种产品的承诺。下面是这种测试的一例:

面　霜

承诺	反应
净洁力可深入毛孔	▬▬▬▬▬▬▬▬▬
防干燥	▬▬▬▬▬
是最完美的美容品	▬▬▬▬▬▬▬
皮肤科医生推荐	▬▬▬▬▬
使皮肤变嫩	▬▬▬▬
防止面部化妆品结块	▬▬▬
含有雌性荷尔蒙	▬▬
不含任何杂质	▬▬
防止皮肤衰老	▬
除皱	▬

以此为据，我们推出了赫莲娜·鲁宾斯坦最成功的面霜。我们就把这种面霜取名叫深层洁面霜。就这样，最受欢迎的承诺成了这种产品的名字。

另一种方法是用各不相同的承诺来创作广告。把这些广告寄给有关的抽样调查对象，然后计算每种承诺所带来的订货数目。

还有一种办法是在同一天的报纸的同一版位上刊登同一产品的两种不同广告，文中暗含允赠样品。我们用这种巧妙的方法为多芬香皂选择了最有力的承诺："使用多芬香皂洗浴，可以滋润您的皮肤。"它招徕的订货，比次一个也很不错的承诺招徕的订货高63%，这句话成了多芬香皂以后所有广告都不曾缺过的用语。这个上乘的产品投入市场第一年的年末就开始盈利。这在今天的营销界还是很少有的盛事。

最后，我们还开发了一种选择最基本的承诺的方法。这种方法十分宝贵，我的同事不允许我透露它。他们提醒我，18世纪那家自私的妇产医生世家，他们接生的活婴儿数比其他同行都高，因而发了财。他家一连三代人都不把秘密外传。后来一位颇有事业心的医学学生爬到高处，从他们手术室的窗子偷看，他们秘密设计的产钳才被公之于世。

2. 若是你的广告的基础不是上乘的创意，它必遭失败

并不是每个客户都能识别一个了不起的创意。记得有一次我向一位客户介绍一个的确是相当好的创意,他却说:"奥格威先生,你这算什么好创意。"

我开始写广告的时候,曾立下雄心壮志,要让我做的每个广告都是产品所在行业有史以来最成功的广告,我并没有完全失败。

3. 讲事实

只有很少数的广告包含有为推销产品所需的足够的事实信息。撰稿人中有一种荒唐的传统看法,说消费者对事实不感兴趣。这实在是太错误了。请研究一下西尔斯-罗伯克百货商店的商品目录,由于这些册子的信息翔实,用它推销出去的商品每年达 10 亿美元。我为劳斯莱斯汽车做的广告讲的全是事实,没有形容词,也没有"高雅的享受"这类夸张的承诺。

消费者不是低能儿,她们是你的妻女。若是你以为一句简单的口号和几个枯燥的形容词就能够诱使他们买你的东西,那你就太低估他们的智能了。他们需要你给他们提供全部信息。

相互竞争的不同品牌越来越相似了。生产这些商品的人都可以采用同样的科学方法、生产技术和调研资料。面对同类产品不同品牌之间质量差距极其微小的事实,大部分撰稿人的结论是,向消费者讲各种品牌共有的东西是毫无意义的。于是他们专注于说那些微不足道的不同之处。我倒希望他们把这种错误做法继续下去。因为这样一来,我们客户的产品的事实数据就可以以先入为主的优势深植在消费者的心里。

在为壳牌石油公司做广告的时候，我们给消费者提供事实，这是其他许多推销汽油的人也可以做但却不曾做的事。我们为荷兰皇家航空公司做广告的时候，我们向旅客讲安全措施，这些安全措施本是所有航空公司都采取的，但是却没有别人在他们的广告中提及。

在我做走街串巷挨门挨户推销的推销员的时候，我发现，为推销产品提供的信息越多，我推销出去的产品也就越多。50年前，克劳德·霍普金斯也发现了广告业里的这个现象。然而，大多数时髦的撰稿人都认为短的、不关痛痒的广告更好写一些，收集事实数据是很艰苦的事。

4. 令人厌烦的广告是不能促使人买东西的

现在每个家庭每天平均要遇到1 500多个广告。毫不奇怪，人们在看报纸、杂志的时候一遇到广告总是跳过去；电视一放广告，他们就溜进卫生间。

一般的妇女现在读普通杂志时只读众多广告中的4则。她们浏览的广告不少，令人厌烦的广告她只要一眼就能看出。

争取消费者注意力的竞争一年比一年激烈。消费者每个月要遭到价值10亿美元的广告的冲击。有3万个品牌名字要在他们的记忆中争一席之地。要想使你的声音超越过这一片嘈杂,它必须极不寻常。让客户的声音在一片嘈杂声中为人们听到是我们的事情。

我们创作吸引消费者的广告。一座空荡荡的教堂是不能拯救灵魂的。如果你能坚持按我们的规则去做,你就会更有效地接触到更多的读者。

有一次我问乔治五世的御医休·里格比爵士:"什么东西造就了伟大的外科医生?"

休爵士回答说:"外科医生的手的灵巧程度都差不多,一位著名的外科医生高人一筹的是他懂得的东西(knows)比别的外科医生多。"对广告从业人员也一样。好的广告从业人员精通自己的技艺。

5. 举止彬彬有礼,但不装模作样

人们不会从不讲礼貌的推销员那里买东西。调查也表明,人们也不会为表现恶劣的广告所动。和人友好握手当然比在人头上猛击一锤更容易做成生意。你应该用好风度来吸引消费者买你的东西。

这并不是说你的广告须是装腔作势、逗趣取笑的。人们也不会从小丑那里买东西。家庭主妇一步又一步地装满她的采购篮子的时候,她的头脑是相当严肃的。

6. 使你的广告具有现代意识

1963年的年轻家庭主妇们出生于罗斯福总统去世之后,她们生活在一个新的世界里。我51岁了,我发现,要和那些刚刚开始闯入生活的年轻夫妇的思想感情协调一致是越来越难了。所以我们公司的大部分撰稿人都是年轻人,他们比我更懂得年轻消费者的心理。

7. 委员会可以批评广告,却不会写广告

许多印刷广告和电视广告看上去就像委员会的会议记录,实际上也真是这样。单枪匹马创作出来的广告似乎最能发挥推销作用。这个人必须研究产品、做调查、研究以前的广告,之后他必须闭门写广告。我写得最好的一则广告先后易稿17次,广告非常成功,造就了一家企业。

8. 若是你运气好,创作了一则很好的广告,就不妨重复地使用它,直到它的号召力减退

许多广告还没有发挥尽潜力就被替换搁置。这往往是由于主宰这些广告的人厌烦它们。斯特林·格彻(Sterling Getchel)为普利茅斯轿车写的著名广告"3部都看看"(Look at All Three)只出现了一次就被一系列拙劣的变种所取代,这些次品后来很快就被人遗忘了。可

是，舍温·科德英语学校（Sherwin Cody School of English）坚持使用"你用英语时犯这些错误吗？"（Do You Make These Mistakes in English?）这则广告42年，其间只是换了换广告字体和科德先生胡子的颜色。

你不是对一队立正站着的军人，而是对一队行动中的士兵做广告。如果一则广告对去年结婚的夫妇推销了电冰箱，那么它也同样能对今年结婚的夫妇起作用。每年有170万消费者去世，有400万新的消费者诞生。有人进入市场，也有人辞别市场。广告就像雷达，总是在搜寻新踏进市场的潜在对象。采用一部好雷达，让它不停地为你扫描。

9. 千万不要写那种你不愿让你的家人看的广告

你不会对你的妻子说谎话，也不要对我的太太说谎，己所不欲，勿施于人。

如果你就产品讲了谎话，你迟早会被发现的，不是被政府发现就是被消费者发现。政府发现了，你就要吃官司；消费者发现了，他会以再不买你的产品来惩罚你。

好的产品可以因诚实的广告而畅销。如果你认为产品并不好，那你就别费心为它做广告。如果你讲了谎话，或者你耍滑头，那你就帮了客户的倒忙，你背上的犯罪感的包袱就会越来越重，而且你会煽起公众对整个广告业的不满。

10. 形象和品牌

每一则广告都应该看成是对品牌形象（brand image）这种复杂现象在做贡献。如果你具有这种长远的眼光，许许多多日常的麻烦事都自会化为乌有。

你怎么判定树立什么样的形象呢？这不是三言两语可以说清的。调查研究对此也帮不了多大的忙。实际上你非使用判断力不可。（我注意到，营销主管方面不愿意使用判断力的倾向在增长。他们过分依赖调查，他们使用调查研究的结果就像醉鬼使用电线杆一样，是把它当扶手而不是当作照明工具。）

绝大部分厂商不接受他们的品牌形象有一定局限性的事实。他们希望他们的品牌对人人都适用。他们希望他们的品牌既适合男性也适合女性，既能适合上流社会也适合广大群众。结果他们的产品就什么个性都没有了，成了一种不伦不类不男不女的东西。阉鸡绝不能称雄于鸡的王国。

现在市场上95%的广告在创作时缺乏长远打算，是仓促凑合推出的，因此，年复一年，始终没有为产品树立具体的形象。

一个厂商要是让自己的广告宣传在一段长时间里保持前后协调的风格，那将是何等的奇迹！想想看，有多少人施加压力费尽心机要改变它。广告经理新的来了,旧的走了,文案撰稿人也换来换去,甚至广告公司也在不停地换着。

广告主每6个月就要你"换上新鲜东西",在压力面前坚持统一的风格,的确是很需要点勇气的。胡乱更改广告是极其容易的事情,但是,金光灿灿的奖杯却只颁给对塑造协调一致的形象有远见而且能持之以恒的广告主。甘浦罐头汤公司、象牙香皂(Ivory Soap)、埃索石油公司(Esso)、贝蒂陶瓷公司(Betty Crocker)和英国健力士黑啤酒就是这样的例子。这些活力长年不衰的公司的广告负责人都懂得,不论做什么广告都不是一劳永逸的事,而是对他们的品牌个性的长期投资。他们向世界推出的是前后一致的品牌形象,而且这个形象还在不断地成长丰满。

最近几年,市场调查人员已经能够告诉我们,老品牌在公众的心目中是什么样的形象。有些厂商头脑比较冷静,了解到他们产品的形象有严重的不足,已经损伤了销售。于是他们要求他们的广告公司着手"改变"形象。这是客户要求我们做的事当中最棘手的。因为品牌形象不好是多年形成的,促使品牌形象不好的因素又是各式各样的——广告、定价、产品名称、包装、赞助过的电视节目、投入市场的时间长短等等。

绝大多数认为改变他们品牌形象是好事的厂家希望的是"提高"他们品牌的印象。通常的情况是,他们的产品已经给人一种是廉价推销品的印象。在经济活力匮乏的时期，这倒是有好处的；但是在经济繁荣、大多数消费者都向更高的社会阶梯迈进的时候，这样的形象却很令人尴尬。

改变这种廉价货的老面孔，使之焕然一新是极不容易的事。换一个新牌子推倒重来往往更容易一些。

品牌和品牌的相似点越多，选择品牌的理智考虑就越少。各种品牌的威士忌、香烟或者啤酒之间并没有什么了不起的差别，大体上都差不多。糕点配料、洗涤剂和人造黄油的情形也无不如此。

致力于以广告为自己的品牌树立明确突出的个性（personality）的厂商会在市场上获得较大的占有率和利润。同样，目光短浅、只会抽挪广告费搞促销活动的机会主义厂家往往会发现自己走入了困境。我年复一年地警告我的客户，如果他们把应花在广告上的预算挪用于促销，其后果是不堪设想的。

削价以及其他类似的求存方法为营销经理们所乐用，但它的效果是短暂的，它还会让你形成坏习惯。创造阿尔特·尼尔森（Art Nielsen）公司的消费者购买状况衡量法、后来在甘浦罐头汤公司当上了总裁的贝弗·墨菲（Bev Murphy）说："销售是生产价值和广告的函数。促销产生的只不过是销售曲线上的一个靠不住的点。"杰里·兰伯特从不为李斯德林漱口水搞促销活动，他明白销售曲线上那个靠不住的点会使他无法评估广告的绩效。

第五章
怎样创作高水平的广告

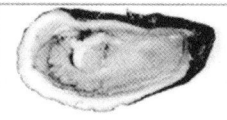

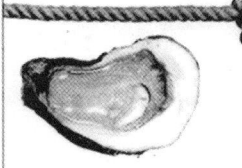

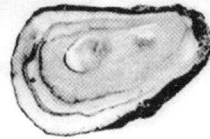

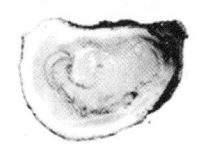

健力士黑啤酒的广告，介绍了9种不同肉质和味道的蚝以吸引读者，原因是吃蚝的时候最好是喝健力士黑啤酒。这是奥格威39岁时候写的广告。

经常不断地使用削价促销会降低产品在消费者心目中的声誉。总是打折出售的东西会是好东西吗?

替客户策划广告方案要以假定客户永远经营这种商品的业务为立足点,以高瞻远瞩的眼光来为他们的品牌树起明确突出的个性,而且把这种个性坚持到底。最终决定品牌的市场地位的是品牌总体上的个性,而不是产品间微不足道的差异。

11. 不要当文抄公

鲁德亚德·吉卜林①写过一首关于一位自我奋斗发家的航运大亨安东尼·格罗斯特爵士的长诗。老人在弥留时回顾自己一生的历程以诫示自己的儿子。他鄙夷地谈到了他的竞争对手:

无论他们怎样抄袭我,

可永远抄袭不了我的思想。

由他们剽窃、盗用吧,

费尽了心机,他们依然是望尘莫及。

若是你有幸创作了一套很了不起的广告,你会看到,不久另一家

---

① 鲁德亚德·吉卜林(Joseph Rudyard Kipling, 1865~1936),英国文学家。生于印度,在印度当过新闻记者,20世纪初定居英国,1907年获诺贝尔文学奖。——译者注

广告公司便会盗用它。这的确令人恼火，可是你千万不用烦恼，还没有什么人由于盗用了别人的广告而树起了一个品牌的。

模仿可能是"最真诚不过的抄袭形式"，但它也是一个品德低劣的人的标志。

这些就是我传授给我们新招募来的人的一般原则。最近我邀请了一批在我们公司工作了一年的新同事，请他们比较一下奥美和他们原先工作的广告公司。令我惊喜的是，他们大多数人认为奥美公司有明确的信条。他们中有一位这样写道：

> 奥美公司有始终如一的观点。对是什么东西构成杰出的广告公司有自己很在行的看法。我原来的那家公司则毫无见地，没有明确的航向。

1980 年摄于休斯敦

第六章
怎样写有效力的文案

David Ogilvy

标题（Headline）

标题是大多数平面广告最重要的部分。它是决定读者是不是读正文的关键。

读标题的人平均为读正文的人的 5 倍。换句话说，标题代表着为一则广告所花费用的 80%。

如果你没有在标题里写点什么有推销力的东西，你就浪费了你的客户所花费用的 80%。在我们行业中最大的错误莫过于推出一则没有标题的广告。这种无头奇案眼下还可见到。若有什么文案撰稿人递交给我一份这样的奇物，我是不敢恭维的。

广告换一换标题，十中有九会产生不同的销售结果。我每次为一则广告写的标题都不下 16 个，而且我写标题是遵循一定原则的。

一、标题好比商品价码标签，用它来向你的潜在买主打招呼。如果你卖的是治疗膀胱麻痹的药物，你就要在标题里写上"膀胱麻痹"的字样，这样就能抓住每一个被这种病困扰的人的目光。若是你想要做母亲的人读你的广告，那在你的标题里就要有"母亲"这个字眼。依此类推。

反之，不要在你的标题里说那种会排斥你的潜在顾客的话。也就是说，如果你是为一种男女兼宜的产品做广告，你就不要把标题写得单是倾向妇女，那样会把男士赶跑。

二、每个标题都应带出产品给潜在买主自身利益（self-interest）的承诺。它应该像我为赫莲娜·鲁宾斯坦的荷尔蒙霜所写的标题"35岁以上的妇女如何能显得更年轻"那样，承诺某种好处。

三、始终注意在标题中加进新的信息（news），因为消费者总是在寻找新产品或者老产品的新用法，或者老产品的新改进。

在标题中你可以使用的最有分量的两个词是"免费"和"新"。使用"免费"的机会不多，但"新"总是可以用上的。

四、其他会产生良好效果的字眼是：如何、突然、当今、宣布、引进、就在此地、最新到货、重大发展、改进、惊人、轰动一时、了不起、划时代、令人叹为观止、奇迹、魔力、奉献、快捷、简易、需求、挑战、奉劝、实情、比较、廉价、从速、最后机会等等。

不要对这些字眼儿嗤之以鼻。它们也许是老生常谈，但是在广告

第六章
怎样写有效力的文案

奥格威在很多年以前已经从润肤的角度去介绍香皂，"多芬（Dove）香皂不但深层清洁皮肤，同时它对皮肤还有保护和润泽作用，洗澡特别舒服"。

上却很起作用。正是这个原因，你经常能在邮购广告和其他可以衡量自己绩效的广告的标题中看到这些字眼。

标题里加进一些充满感情的字就可以起到加强的作用，比如亲爱的、爱、怕、引以为傲、朋友、宝贝等等。我们公司做过的最能挑起感情的一则广告是这样的，画面上一位妇女一边在浴盆里沐浴，一边与她的爱人通电话。标题是：亲爱的，我现在体验的是最不寻常的感受……我全身都沉浸在"多芬"里（见第153插图）。

五、读广告标题的人是读广告正文的人的 5 倍，因此至少应该告诉这些浏览者，广告宣传的是什么品牌。标题中总是应该写进品牌名称的原因就在这里。

六、在标题中写进你的销售承诺。这样的标题就要长一些。根据纽约大学零售研究院与一家大百货公司合作举办的标题测试活动，10 个词或 10 个词以上带有新信息的标题比短的更能推销商品。

6～12 个词的标题招回的订单比短标题招回的要多，而读 12 个词标题的读者和读 3 个字标题的读者的数量差不多。我写过的最好的标题有 26 个词：在时速 60 英里时，这款新的劳斯莱斯汽车上最大的噪音来自电子钟。①（见下页插图。）

---

① 劳斯莱斯的主任工程师读到这句话，不禁悲伤地摇头说："是该到了对那该死的钟想点法子的时候了。"

第六章
怎样写有效力的文案

> "At 60 miles an hour the loudest noise in this new Rolls-Royce comes from the electric clock"

这可以说是奥格威最引以为豪的汽车广告,标题是"在时速60英里时,这款新的劳斯莱斯汽车上最大的噪音来自电子钟"。

七、标题若能引起读者的好奇心,他们很可能就会去读你的广告的正文。因此,在标题结尾前,你应该写点诱人继续往下读的东西进去。

八、有些文案撰稿人常写一些故意卖弄的标题——双关语、引经据典或者别的晦涩的词句,这是罪过。

在一般的报纸上,你的标题要和另外 350 个标题争夺读者的注意力。调查告诉我们,读者是以很高的速度穿越广告丛林的,他绝不会停下来去解扑朔迷离的标题里的谜。你的标题必须以电报式文体讲清你要讲的东西,文字要简洁、直截了当。不要和读者捉迷藏。

1960 年,《泰晤士报文学增刊》(*Times Literary Supplement*)攻击了英国广告的怪诞文体,说它"自我放纵——中产阶级不能登大雅之堂的玩笑,很明显是为取悦广告主和他的客户而编造出来的"。只有上帝知道!

九、调查表明,在标题中写否定词是很危险的。例如,如果你写"我们的盐里不含砷",许多读者会忽略否定词"不",而产生一种你是在说"我们的盐里含砷"的印象。

十、避免使用有字无实的瞎标题,就是那种读者不读后面的正文就不明其意的标题,而大多数人在遇到这种标题时是不会去读后面的正文的。

正文（Body Copy）

你坐下来写广告正文的时候，不妨假设你是在晚宴上和坐在你右手边的那位妇女交谈。她问你："我考虑买一部新车，您推荐哪种牌子？"你呢，就好像在回答这个问题那样写你的广告文案。

一、不要旁敲侧击——要直截了当。避免那些"差不多、也可以"等含糊其辞的语言。盖洛普博士已经证明这种模棱两可的说法通常会被误解。

二、不要用最高级形容词、一般化字眼和陈词滥调。要有所指，而且要实事求是。要热忱、友善并且使人难以忘怀。别惹人厌烦。讲事实，但是要把事实讲得引人入胜。

文案该有多长？这取决于产品。若是你在为口香糖做广告，那就没有多少可说的，当然就写短文。你若是在为一种有各种各样特征需要加以介绍的产品做广告，那就写长文：你介绍得越详细，销售得也就越多。

干我们这一行的人普遍有一种看法，认为人们不愿读长广告。这当然不是事实。克劳德·霍普金斯有一次写了一个长达 5 页的内容扎实的广告来宣传喜力滋（Schlitz）啤酒。没几个月，喜力滋啤酒的销售额就从第五位上升到第一位。有一回，我为好运道人造黄油（Good

Luck Margarine）写了整整1页广告稿，带来的结果也非常喜人。

调查表明，广告词增加到50词，读者数随着字数的增加而急剧下降；但是从50词增加到500词，读者数却下降得很少。我为劳斯莱斯汽车写的第一个广告是719个字——讲了一个又一个吸引人的事实。在最后一段里我写道："囊中羞涩无力选购劳斯莱斯的人可以买一辆宾利（Bentley）。"从批评"囊中羞涩"这个词的人数之多来判断，我的结论是：这则广告大家是从头到尾读完了的。在其后的一则广告里我用了1 400个词。

每则广告都应该是一件推销你的产品的完整的（complete）作品。设想消费者会读有关同一种产品的一个又一个广告是不现实的。你应该把每一则广告写得很完整，设想这是你把你的产品推销给读者的唯一机会——机不可失，时不再来。

纽约大学零售研究院的查尔斯·爱德华博士（Dr. Charles Edwards）说："讲的事实越多，销售得也越多。一则广告成功的机会总是随着广告中所含的中肯的商品事实数据量的增加而增加的。"

我为波多黎各经济开发署写的第一个广告用了961个词，我说服了比尔兹利·鲁姆尔（Beardsley Ruml）署名。1.4万读者剪下了这则广告中的回单，当中的几十个人后来在波多黎各开办了工厂。我职业方面的最大满足就是看到在我写广告前在死亡线上挣扎了400年的波多黎各社会开始迈向繁荣。若是我囿于常理只空空洞洞地写上几句，那么这样的变化就根本不会发生。

我们甚至能让人读关于汽油的长文广告。我们一则关于壳牌石油的广告有617个词。男性读者中有22%读了这则广告的一半以上。

维克·施瓦布（Vic Schwalb）讲过哈特、沙夫纳暨马克斯公司（Hart，Schaffner & Marx）的马克斯·哈特（Max Hart）和他的广告经理乔治·戴尔（George L. Dyer）辩论长广告的事。戴尔说："我敢和你赌10美元，我可以写满满一整版广告，而你会一字不漏地读完它。"

哈特讥笑了他的说法。接着戴尔又说："我根本不用动笔写一行正文来证明我的观点，我只要告诉你我的标题就可以了：这一页全是关于马克斯·哈特的。"

在广告里加回单的广告主懂得，短广告无助于推销。分段分期测试证明，长文广告总是比短文广告更具推销力量。

好像有人说过，除非媒体部给文案撰稿人提供充分篇幅让他尽情发挥，否则没有一个撰稿人能够写成长文广告。这根本不该成为问题，因为在制订媒体计划前，是应该先征询撰稿人的意见的。

三、你应该常在你的文案中使用用户的经验之谈。比起不知名的文案撰稿人的话，读者更易于相信消费者的现身说法。在世的最好的撰稿人吉姆·扬说："各种各样的广告主都碰到同一个问题，就是如何让人信服。邮购广告主知道，最能达到使人信服这个目的的,莫过于让消费者现身说法了。然而,一般广告主很少使用这种办法。"

知名人士现身佐证吸引的读者特别的多。如果证词写得很诚实,也不会引起怀疑。名人的知名度越高,能吸引的读者也就越多。我们在"请君莅临英国观光"的广告里,动用了伊丽莎白女王和温斯顿·丘吉尔的大驾。我们成功地说服了罗斯福总统夫人在为好运道人造黄油做的电视广告上露面。为西尔斯-罗伯克百货的赊购制作广告时,我们在广告中再现了特德·威廉姆斯(Ted Williams)的信用卡,说他"最近取道波士顿去了西尔斯"。

有时你可以把整个文案写成用户经验谈的形式。我为奥斯汀(Austin)汽车做的第一则广告用了一位"匿名外交官"的信的形式,说这位"匿名外交官"用驾驶奥斯汀汽车节省下来的钱,把他的儿子送进格罗顿学校读书——既能表现自己的阔气又很节约,这是许多人梦寐以求的好事。然而我的天,《时代》(Time)周刊一位嗅觉很敏锐的编辑猜出那位"匿名外交官"就是我。他请格罗顿学校校长对此进行评论。校长克罗克博士十分生气,我只得决定把我的儿子送到霍切基斯学校去读书。

四、另外一种很有利的窍门是向读者提供有用的咨询或者服务。以这种办法写成的文案,可以比单纯讲产品本身的文案多招徕75%的读者。

我们的一则林索清洁剂的广告,向家庭妇女传授清除污渍的方法，这则广告成了历史上阅读率最高（斯塔奇调查）和最为人所记住（盖洛普调查）的清洁剂广告。然而，它忘记了体现林索清洁剂的主要商品承诺——用林索清洁剂可以洗得更白。由于这个原因，它根本不应该推出①。

五、我从未欣赏过文学派的广告。由于西奥多·麦克马纳斯（Theodore F. MacManus）为卡迪拉克（Cadillac）轿车所作的有名的广告"对领导地位的惩罚"（The Penalty of Leadership）和内德·乔丹（Ned Jordan）的著名广告"拉腊米西边某地"（Somewhere West of Laramie），这一派名扬遐迩。40年前广告界好像很受这几则名噪一时却华而不实的散文所影响，而我却一直觉得这类广告很无聊，连一点儿事实也没有提供给读者。我很同意克劳德·霍普金斯的观点："高雅的文字对广告是明显的不利因素。精雕细刻的笔法也如此。它们喧宾夺主地把对广告主题的注意力攫走了。"

六、避免唱高调。雷蒙·罗必凯为斯奎布父子公司（E. R. Squibb & Sons）写的有名的广告语"任何产品的无价要素是这种产品生产者的诚实和正直"，使我想起我父亲的训诫：公司会为自己的完美自吹自擂，女人会自炫其操行。自吹自擂、自炫都应避免，但是完美和操

---

① 广告中的照片上表现了几种不同的污渍——口红渍、咖啡渍和血渍。血是我自己的，我是唯一为自己客户流了血的文案撰稿人。

行却应发扬光大。

七、除非有特别的原因要在广告里使用严肃、庄重的字，通常应该使用顾客在日常交谈中用的通俗语言写文案，我始终未能做到用美国的通俗语言来写文案，但我很欣赏那些能自如地应用这种语言写文案的撰稿人。

在对受教育较少的人做广告宣传时，使用那些高深的词是一种错误。我有一次在一则标题里用了"obsolete"（陈腐）这个词，结果我发现43%的家庭主妇不明白这个词是什么意思。又有一次在另一则标题里，我用了"ineffable"（妙不可言）这个词，我发现连我自己也弄不清它是什么意思了。

然而，与我同辈的许多文案撰稿人却犯了低估人民教育水平的错误。芝加哥大学社会学系主任菲利普·豪泽（Philip Hauser）提醒人们注意已经发生的变化：

> 人们进学校受正式教育的机会的增加……会给广告风格……以重大的影响。……根据"普通"美国人最多不过受过小学教育的观点而为他们编写的广告越来越不受顾客欢迎，甚至会完全失去顾客①。

---

① 见《科学美国人》，1962年10月。

同时，所有的文案撰稿人都应该读一读鲁道夫·弗莱什博士（Dr. Rudolph Flesch）的《说通俗话的艺术》（*Art of Plain Talk*）这本书。它能使文案撰稿人懂得怎么写短词、短句、短段和高度个性化的文案。奥尔德斯·赫克斯利①一度曾染指广告创作，他的结论是："广告中任何文学痕迹都是妨碍广告成功的致命因素。文案撰稿人可能不那么有诗情，文字也不那么高深奥秘。他们必须使人人了解，一则好广告和戏剧、讲演都有一个共同点，即使人一看便知，一听即晓，直接打动人心。"②

八、不要贪图写那种获奖文案。我得了奖，我当然很感激，但是那些绩效很好的广告却从来没有得过奖，因为这些广告并不要把注意力引向自身。

颁奖的评委们对他们要打分的广告的绩效如何所知甚少。得不到关于这些广告绩效的信息，他们只能依赖自己的见解，而自己的见解又总是偏向广告的文辞表现的。

---

① 奥尔德斯·赫克斯利（又译赫胥黎，Aldous L. Huxley, 1894~1963），美籍英国小说家及文学批评家，著名生物学家托马斯·赫胥黎之孙。——译者注
② 见《新老文选》，哈珀兄弟出版公司，1927年。查尔斯·兰姆（Charles lamb）、拜伦（Lord Byron）、萧伯纳（Bernard Shaw）、海明威（Ernest M. Hemingway）、马昆德（John Marquand）、舍伍德·安德森（Sherwood Anderson），还有福克纳（William Faulkner）都写过广告，可他们并没有多大成就。

九、优秀的文案撰稿人从不会从文字娱乐读者的角度去写广告文案。衡量他们成就的标准是看他们使多少新产品在市场上腾飞。首先,克劳德·霍普金斯算得上是真正独树一帜,他之于广告正如埃斯科菲尔之于烹调。用今天的标准来看,霍普金斯是不拘小节、举止粗鲁的人,但是在广告文案写作技巧上他却是超级大师。其次,要算雷蒙·罗必凯、乔治·西赛尔和詹姆斯·韦布·扬,他们虽然都缺乏霍普金斯那种无孔不入的销售才能,但他们的诚实、他们工作涉及面之广、他们在需要时能写有文化素养的文案的能力又弥补了不足。再往下,我认为就要数邮购广告专家约翰·卡普尔斯(John Caples)了,从他那里我学到了许多东西,受益匪浅。

这些巨人写的是报纸和杂志广告。现在来判断谁是最好的电视广告撰稿人还为时过早。

第七章
怎样使用插图和编排文案

David Ogilvy

广 告

大部分文案撰稿人构思的都是文字,而很少花时间来考虑广告的插图。然而,插图往往比文案占据更多的版面,它们在促销商品上应该起到与文字同等重要的作用。

DDB 广告公司有一种为广告制作插图的杰出才能,他们在大众汽车广告上使用的照片都是独具一格的。

插图的主题比做插图的技巧更为重要。在整个广告领域里,实质总是比形式重要。拍摄一幅照片最重要的是好的创意和主题,并不需要天才来按快门。要是你没有卓越的创意和主题,即使欧文·佩恩[1]

---

[1] 欧文·佩恩(lrving Penn,1917~2009),美国著名广告、时装摄影师,在发展广告摄影方面有很大贡献。——译者注

也无能为力。

盖洛普博士发现，在摄影俱乐部得奖的那类照片——敏感、精致细腻而且构图美妙——用在广告上并没有效果。有效的是能激起读者好奇心的照片。读者看到照片，想了一下，"这是怎么回事？"接着，他读你的广告文案，去弄清是怎么回事。圈套要设在这里。

哈罗德·鲁道夫（Harold Rudolph）把这种有魔力的因素称为"故事诉求"（story appeal），还证实，在照片中注入的故事诉求越多，读你的广告的人也就越多。这种发现对我的公司制作的广告有深刻的影响。

我们应聘策划哈撒威牌衬衣全美广告活动的时候，我决心要为他们创作一套比扬罗必凯公司为箭牌衬衫（Arrow Shirts）所创作的经典之作更好的广告。但是哈撒威的广告预算只有 3 万美元，而箭牌衬衫的广告费却是 200 万美元。这需要奇迹。

从鲁道夫那里学到"故事诉求"的一剂猛药会使读者停步动心，我想了 18 种方法来把这种有魔力的佐料掺进广告里去。第 18 种就是给模特戴上一只眼罩。最初我们否定了这个方案而赞成另外一个被认为更好一些的想法，但在去摄影棚的路上，我钻进一家药店花一块五买了一只眼罩。它到底为什么会那么成功，我大概永远也不会明白。但它使哈撒威衬衣在过了 116 年默默无闻的日子之后一下子走红起来。迄今为止，以这样快的速度、这样低的广告预算建立起一个全国

第七章 怎样使用插图和编排文案

性品牌，这还是绝无仅有的一例①。世界各地的报纸都刊登谈论它的文章，它成了抄袭的对象。几十个厂家把这个创意用到他们的广告上，仅在丹麦我就见过5种不同的版本。这个在某个阴湿的星期二早晨灵机一动构思出来的创意使我名噪一时。我倒希望名声能产自更严肃一些的成就。

随着广告活动的开展，我把这个戴眼罩的模特用于不同场景的广告中（其实我真希望我自己是这个模特）：在卡内基大厅指挥纽约爱乐乐团、演奏双簧管、临摹戈雅的画、开拖拉机、击剑、驾驶游艇、购买雷诺阿的画等等。8年之后，我的朋友埃勒顿·杰蒂把哈撒威公司卖给了一位波士顿的金融家，这位金融家6个月之后又把它卖掉，得利数百万美元。而我在这家客户上的总利润是6 000美元。要是我不是广告代理而是一个金融家的话，我该多么富有，可是，又该多么无聊啊。

另外一个使用"故事诉求"的例子是埃利奥特·埃尔维特（Elliott Erwitt）为宣传波多黎各旅游业的广告所拍的一幅照片。埃尔维特没有直接拍帕布洛·卡萨尔斯②演奏大提琴的情景，而是拍了这

---

① 见第145页插图。——译者注
② 帕布洛·卡萨尔斯（Pablo Casals, 1876～1973），西班牙大提琴家、指挥家，在美国曾获全能大提琴家之赞誉。——译者注

一个广告人的自白
Confessions of
an Advertising Man

170

The man in the Hathaway shirt

AMERICAN MEN are beginning to realize that it is ridiculous to buy good suits and then spoil the effect by wearing an ordinary, mass-produced shirt. Hence the growing popularity of HATHAWAY shirts, which are in a class by themselves.

HATHAWAY shirts wear infinitely longer—a matter of years. They make you look younger and more distinguished, because of the subtle way HATHAWAY cut collars. The whole shirt is tailored more generously, and is therefore more comfortable. The tails are longer, and stay on your trousers. The buttons are mother-of-pearl. Even the stitching has an ante-bellum elegance about it.

Above all, HATHAWAY make their shirts of remarkable fabrics, collected from the four corners of the earth—Viyella, and Aertex, from England, woolen taffeta from Scotland, Sea Island cotton from the West Indies, hand-woven madras from India, broadcloth from Manchester, linen batiste from Paris, hand-blocked silks from England, exclusive cottons from the best weavers in America. You will get a great deal of quiet satisfaction out of wearing shirts which are in such impeccable taste.

HATHAWAY shirts are made by a small company of dedicated craftsmen in the little town of Waterville, Maine. They have been at it, man and boy, for one hundred and twenty years.

At better stores everywhere, or write C. F. HATHAWAY, Waterville, Maine, for the name of your nearest store. In New York, telephone OX 7-5566. Prices from $5.95 to $20.00.

奥格威给哈撒威衬衫做了一个很出色的广告，他以一个戴了眼罩的男士穿起哈撒威衬衫，表示衣服与众不同，有独特个性。

位伟人的大提琴靠在一间空屋子里的一把椅子上的场景。"屋子为何空着？卡萨尔斯又到哪里去了？"读者脑海里出现的这些问题促使他们到广告文案中找答案。读过广告文案之后，他们就会订票去波多黎各圣胡安参加卡萨尔斯艺术节。在使用这个广告的头6年里，波多黎各旅游业的收入从开始的每年1 900万美元一下增到每年5 300万美元。

只要你能不怕麻烦为你的广告找精彩的照片，你就不仅可以推销更多的商品，而且你在公众中的声望也会提高。严峻的广告评论家加尔布雷思教授[1]的一封信大大鼓舞了我。他写道："多年来我对摄影一直怀有极大兴趣，在相当长的时间里，我总认为你的摄影作品在选题和印制方面都是最优等的。"

调查一再表明，照片比绘画更能促销。照片能吸引更多的读者，能传递更多的欲望诉求，能让人更好地记住，能吸引更多的回单，能售出更多的商品。照片代表真实，绘画代表的是想象；想象受人信任的程度要低一些。

我们接手"请君莅临英国观光"的广告时，用照片替换了原先那家公司使用的绘画，吸引的读者为原来的3倍。在其后的10年间，美国游客花在去英国旅游上的钱也是以前的3倍。

我一再劝告你们不要在广告里使用绘画，这令我深感遗憾，因为

---

[1] 加尔布雷思教授（John Kenneth Galbraith, 1908～2006），美国著名经济学家。他出生于加拿大，后移居美国，在哈佛大学任教，并曾任美国物价管理局副局长、《财富》杂志编辑等职。他是当代资产阶级经济学新制度学派主要代表人物。——译者注

我的确很希望能帮助艺术家从为广告做插图中得到报酬。但是，那样的广告无法起促销作用，客户会破产，结果是再无人出资支持艺术家。如果使用照片，你的客户就会兴旺，就会有钱购买更多的名画赠送给公共美术馆。

有些厂商用抽象画来做他们的广告插图。我只有在想让读者对我到底在宣传些什么视而不见的时候才会这样干。至关重要的是，插图能够把你在推销什么的信息迅速简明地传递给你的读者，抽象艺术在广告中不能起到迅速简明地传递信息的作用。

唯一使用无表现力的插图而获得成功的人是已故的沃尔特·佩普基（Walter Paepcke），他为集装箱公司（Container Corporation）制作的古怪的广告好像使这家公司有别于它的竞争对手。但是，一花独放不是春，燕子齐飞才是春天的来临。读者们，使用古怪的东西向并不古怪的人做宣传的事，你千万要慎之又慎。

前后对比的照片很能吸引读者，而且比用文字更能说明问题。你可以用两张相似的照片鼓励读者去找出它们的差别所在。

如果你难于决定两幅插图到底应该使用哪一幅，那你可以在报纸上用分版的方法来测试它们各自的吸引力。在荷兰皇家航空公司的广告里，我们使用了这种技巧来决定到底是应该用飞机的照片还是用目的地景物的照片来做插图。结果后者吸引的回单数比前者的要多一倍，所以荷兰皇家航空公司今天的广告总是用目的地景物的照片做插图。

我在盖洛普博士处工作时,调查研究的资料证明,看电影的人对同性演员的兴趣大于对异性演员的兴趣。事实上这种现象也确有一些例外,电影中的性感女郎很受男性电影观众的喜爱,但扮演风流小生的女性演员却引不起他们的兴趣。然而,一般说来人们对他们所熟识的演员的兴趣总要大一些。同样,在人们做梦时,梦境中同性人物总多于异性人物。卡文·霍尔博士(Dr. Calvin Hall)的研究报告认为,"男女两性人物的比例在男人的梦里是1.7∶1。这种情况……同样出现在霍皮人①的梦里……说明了它是一个普遍现象。"②

我发现消费者对广告的反应也是一样。你若是使用一张女人的照片,男人就不怎么注意你的广告。要是你用男人的照片,那你的读者中女性大约就不多了。

要想吸引女性读者,最好的办法是使用婴儿的照片。调查指出,看这类广告的妇女差不多两倍于看以全家福照片做插图的广告的妇女。宝宝是大家注意的目标,一旦宝宝长大成了家庭中的一个普通成

---

① 霍皮人(Hopi),美国亚利桑那州东北部印第安人的一个部落。——译者注
② 霍尔博士通过对3 874个梦的分析,还得出其他一些引人注目的结论,包括:"希望自己的阴茎更大的男人会梦到水龙头,希望自己积累更多排泄物的人会梦到钱,有未满足的俄狄浦斯情结的人会梦到登月火箭,向往女性子宫的人会梦到房子,向往乳房的人则会梦到威士忌。"

员,就再也不会有人注意他了。

使用婴儿照片做广告插图有一个重大障碍,就是厂家们大都反对,因为娃娃的消费量很小,而它们要针对整个家庭。

在广告业中最受欢迎的差事莫过于挑选漂亮的姑娘来做广告模特和拍电视广告了,我过去总是自告奋勇。但是,在比较了我个人和女性消费者的口味之后,我放弃了这项工作。男人和女人欣赏的姑娘不是一样的。

彩色插图能为人所记住的程度一般是黑白插图的两倍。

避免历史主题。它们用于宣传威士忌还可以,但别无他用。

不要用人脸的局部特写,它们会吓跑读者。

尽可能使插图简洁。用一个人来吸引读者的兴趣。一大堆人的场景是拉不到消费者的。

不要使用老套场景,例如一位家庭主妇微笑着开冰箱的门。

当你江郎才尽、无计可施的时候,这首小歌对你或许有帮助:

客户要是唉声叹气,

把他的厂标放大两倍。

要是他还是执拗不已,

就用他工厂的照片。

除非万不得已,

切莫动用客户的尊容。

"厂标放大两倍"通常值得一试，因为大多数广告在显示品牌特征方面总是不足。

"动用客户的尊容"不像听起来那样，也还不失为一个好策略，因为公众对人物的兴趣比对公司的兴趣总要大些。有一些客户像赫莲娜·鲁宾斯坦和海军中校怀特黑德，就很可以作为他们自己产品的象征人物。

但是切忌"使用工厂的照片"，除非工厂是待价而沽的。

大多数把天真无邪的青年培养成为专业广告人才的美术专科学校还在对包豪斯学派的秘诀抱残守缺，主观地认为成功的广告要依靠"平衡"、"节奏"和"设计"之类的东西。可是他们能证明吗？

我的调查结果却说明，这些抽象的美学原则并不能促销，我也绝不隐瞒我对那些郑重其事地鼓吹这种说教的守旧的美术专科学校的敌对态度。请想想看，他们的太学院，那神圣不可侵犯的美术指导俱乐部（Art Directors Club）给亨利·卢斯（Henry Luce）、弗兰克·斯坦顿（Frank Stanton）、亨利·福特（Henry Ford）和我颁发"鼓励美术指导在最佳气氛中工作"奖那天，我那可怕的心情。难道他们不知道我反对他们导致广告失败的那种指导方式吗？

我再不把我们公司的广告编排稿送去参加美术指导组织举办的竞赛了，害怕其中某一幅会因获得某种奖励而被亵渎。他们的神并不是我的神。我有我自己的信条，它来自对人的行为的观察，而这种观察记录在盖洛普博士、斯塔奇博士的调研和邮购广告专家的经验中。

广告一定要针对它所要刊登的刊物来设计,在它被排进出版物、你看到它被排进去的样子之前千万不要最后敲定。那种极为流行的不顾具体环境,把布局设计稿裱在灰色纸板上,蒙上一层透明薄膜,然后就进行评价的做法是极其危险并会引起误解的。必须把广告设计放在与它相关联的报纸或杂志的整体编排气氛里来考虑。

一位缺乏经验的年轻客户不久前对我说:"你的设计稿一钉上我的布告牌,我就立刻可以判断哪一份是最好的。"这样的环境绝不是读者看广告的环境。

没有必要让广告看起来像广告。如果你能把它做得就像编辑部文章版一样,它吸引的读者会比其他形式的广告多50%。你也许会觉得公众瞧不起这点小窍门,可是并没有公众的确瞧不起它的任何证明。

我们的齐波打火机广告的布局设计采用了《生活》杂志编辑惯用的那种直截了当的简洁手法。没有做任何装饰性的处理,没有用手写字,没有用商标,也没有别的象征符号。(商标和象征符号以往是很有价值的,因为它们使不识字的人也能识别你的品牌。但是今天在美国,文盲已经消失,人们已经可以读印就的名字来识别品牌了。)

杂志编辑发现,人们读照片下的文字说明多于读文章本身。对广告也一样,在我们分析斯塔奇《生活》杂志广告调查数据的时候,我们发现读插图说明的读者平均两倍于读广告正文的读者。这就是说,

第七章
怎样使用插图和编排文案

插图说明给你带来的读者两倍于广告正文。这说明，绝不要单使用照片而不在其下加上说明，而每则插图说明都应该像一则微型广告，写清楚品牌名称和承诺。

如果你能把广告正文限制在 170 个字以内，你就应该干脆把它排成插图说明放在照片下面，我们为泰特利茶品公司做杂志广告就用的是这个办法。

如果你需要很长的文案，以下的这些办法能吸引更多的读者：

1. **在大标题和正文之间插入副标题可以提高读者读下去的兴趣。**

2. **用大一些字号的字排正文第一个词的第一个字母一般能多吸引 13% 的读者。**

3. **第一段控制在 11 个词以内。开头一段太长会使读者望而生畏。其实，所有的段落都要尽可能地短，段落长了令人生厌。**

4. **在正文第一行下面两三英寸的地方加进第一个小标题，然后通篇使用小标题。为了吸引读者不断读下去，可以把一些小标题写成疑问式的，以激起读者对下文的好奇心。一系列精心写就、安排巧妙的小标题，可以把你要传递的全部信息的实质告诉那些懒得读全文而只浏览广告的人。**

5. **把广告文案的版面分栏，文案的栏不能宽于报纸的栏。大部分读者的阅读习惯是从读报纸养成的，而报纸的栏宽是大约 26 个印刷符号。栏越宽，读者就越少。**

6. **小于 9 点的字，大多数人读起来有困难。**

7. 用衬线体铅字排版比用粗体无衬线体易于阅读。包豪斯派的人不知道这个事实。

8. 我小时候，一般广告正文的编排都是方方正正、齐头齐尾的。后来发现，齐头散尾更能吸引读者。但是，在每栏的末一行却不可以，这一行散尾缺字会使读者在此停住而不再往下读。

9. 长文的重要段落要用黑体字或斜体字排成，以增加多样性，避免版面单调。

10. 不时加进插图。

11. 用箭头、弹形记号、星号和边注等符号标志帮助读者往下读。

12. 如果有许多各不关联的事要讲，你千万不要用许多令人厌烦的连接词。就像我现在做的这样，一样样地编上号就可以。

13. 千万不要把你的广告正文排成阴式版面（黑底白字），也不要把广告文案排在灰色或有色的底上。老式的美术指导理论说这种做法会迫使读者去读广告文案，我们现在知道这种办法使读者根本无法读下去。

14. 如果在段落间加上引导性符号，读者数平均会增加 12%。

在大标题的排制上，字体变化越多读者就越少。我们公司排大标题时总是用同一体、同一号、同一粗细的字和同一墨力的印刷一气呵成。

用小写字母排标题以至整个广告文案。完全用大写字母排的版，

第七章
怎样使用插图和编排文案

读起来十分费力。这可能是因为我们阅读的习惯是由小写字母培养起来的。我们读的书、报纸和杂志都是用小写字母排就的。

不要把你的大标题排在插图之上,那样做会使插图失去应有的外观。旧式的美术指导喜欢这样做,但是这样做使广告吸引注意力的能力平均丧失19%。报纸编辑从不这样做。一般说来要模仿编辑,你的顾客的阅读习惯是由报刊编辑们培养起来的。

要是你的广告中包含有回单,你希望有最大的回报,那就要把它安排在最上面的中间。这个位置比起传统的安排在广告外侧底部的办法多拉到80%的回单。(100个广告人中懂得这个窍门的恐怕连一个也没有。)①

亨利·门肯②一次说,没有人因为低估美国人的鉴赏力而破产。这不对,我倒相信一则趣味高级的广告能使产品受惠,而粗劣的广告会反映出产品的粗劣。被人认为是一流质地的产品始终是会得益的。在一个世态炎凉、瞬息万变的社会里,人总是不愿使用被自己的朋友视为二流货的产品的。

---

① 1988年,奥格威修正了这种说法,认为应该安排在底部的右边。见前文《本书背后的故事》。——译者注
② 亨利·门肯(Henry L. Mencken, 1880~1956),美国著名教育家、评论家和编辑,以研究美国语言著称。他的《美国文学史》是一本论述美国语言发展的重要著作。——译者注

路牌广告

不久以前我接到一封信,赞扬我设计的一个路牌广告。信是加利福尼亚州埃塞俄比亚浸礼会的一位牧师写的:

亲爱的奥格威先生:

我是一个小小教会的领袖,我们的教会在加利福尼亚的公路上使用不少路牌宣扬主的教诲。由于制作价格高昂,我们遇到不少困难。我看了舒味思软饮料的路牌广告,就是有一位长胡子的先生把手向两旁伸出去的那一张。我想知道的是,在您用完那张照片之后,能否将它赐寄与我,我想把"耶稣保佑你永生"这几个字印上,把它安置在加利福尼亚公路旁,以宣扬主的旨意。

POSTERS

第七章
怎样使用插图和编排文案

要是有人从我的客户的面容上看出了上帝之子的样子，那么整个浸礼会的信徒都会自动转喝舒味思软饮料，客户再也不必花钱做广告了。我真的有些犹疑了。只是因为害怕丢失我的佣金，我才冷静下来告诉牧师，怀特黑德海军中校是不堪负此圣任的。

我不喜欢路牌广告。驾车飞驰而过的驾驶员只来得及读路牌广告上的6个字，而依我过去挨门挨户兜售的经验来看，只用6个字来推销商品无论如何是不成的。在报纸或者杂志上，我可以使用上百个字。路牌广告只能是喊喊口号而已。

抛开广告职业不谈，作为个人，我对风景有强烈的喜爱。任何景致都不会因路牌广告而增色。在事事都令人心旷神怡的野外要是竖起一块路牌广告，任何罪恶都莫过于此。有朝一日我从麦迪逊大道引退，我定要发起组织一个秘密的环境维护者社团，蒙着面骑乘无声摩托车走遍世界，在黑夜里砍倒一切路牌广告。若是我们在为公民们行此大善之时被抓住，又有多少陪审员会判我们有罪呢？

路牌广告的所有者都是些放肆的说客，他们全力攻击不准在新修建的高速公路设置路牌广告的法案。他们借口有成千上万的工人依赖路牌广告维生。妓院不是也如此吗？

然而我们周围仍有路牌广告，而且迟早会轮到你来制作一块的。那你就照着下面的办法办吧。

要把你的路牌广告做成绝活，可试用萨维涅亚克（Savignac）称之为"色情视觉"的手法。但是不要搞得过火，太过分会使交通堵塞，引起车祸。

长期以来，抨击美国路牌广告趣味不高已成为欧洲人的时尚。当然，由于有了卡桑德拉（Cassandre）、刘品（Leupin）、萨维涅亚克和麦克奈特·考费（Mcknight Kaufler）的路牌广告，谁也不用自夸美国路牌广告从美学的角度来看是站得住脚的。但是事实上，美国的粗犷风格比欧洲人的高雅设计更能发挥效力，更容易被人记住。

第二次世界大战期间，加拿大政府聘用我的前任老板乔治·盖洛普评估他们的招兵路牌广告的相对效果。盖洛普博士发现最起作用的路牌广告是用写实的艺术作品或者照片制作的，抽象或者象征性的设计传递信息则不够迅速。

你的路牌广告应该不仅用文字而且也用图画来说明你的产品的承诺。只有少数的广告人有这样的才能，我算不上其中的一个。

若是你的路牌广告是针对来来往往的驾车人的，那你就要让它在5秒钟的时间内对读者起作用（够淘气的）。调查表明，使用强烈、单纯的颜色，传递信息就快些。作画时不要使用颜色杂混肮脏的调色板。绝不要在设计里使用3种以上的素材，剪影轮廓不宜配上白色的背景。

最重要的是，文字要尽可能的大（用粗衬线字体），而且品牌名字要安排得很醒目。这一点很少人做到了。

若是你按照这些简单的说明去做，你就可以做出有效的路牌广告。可是，我要警告你，现代艺术的行家们是不欣赏你的，你倒是肯定会落得成为受人嘲笑的小丑的下场。

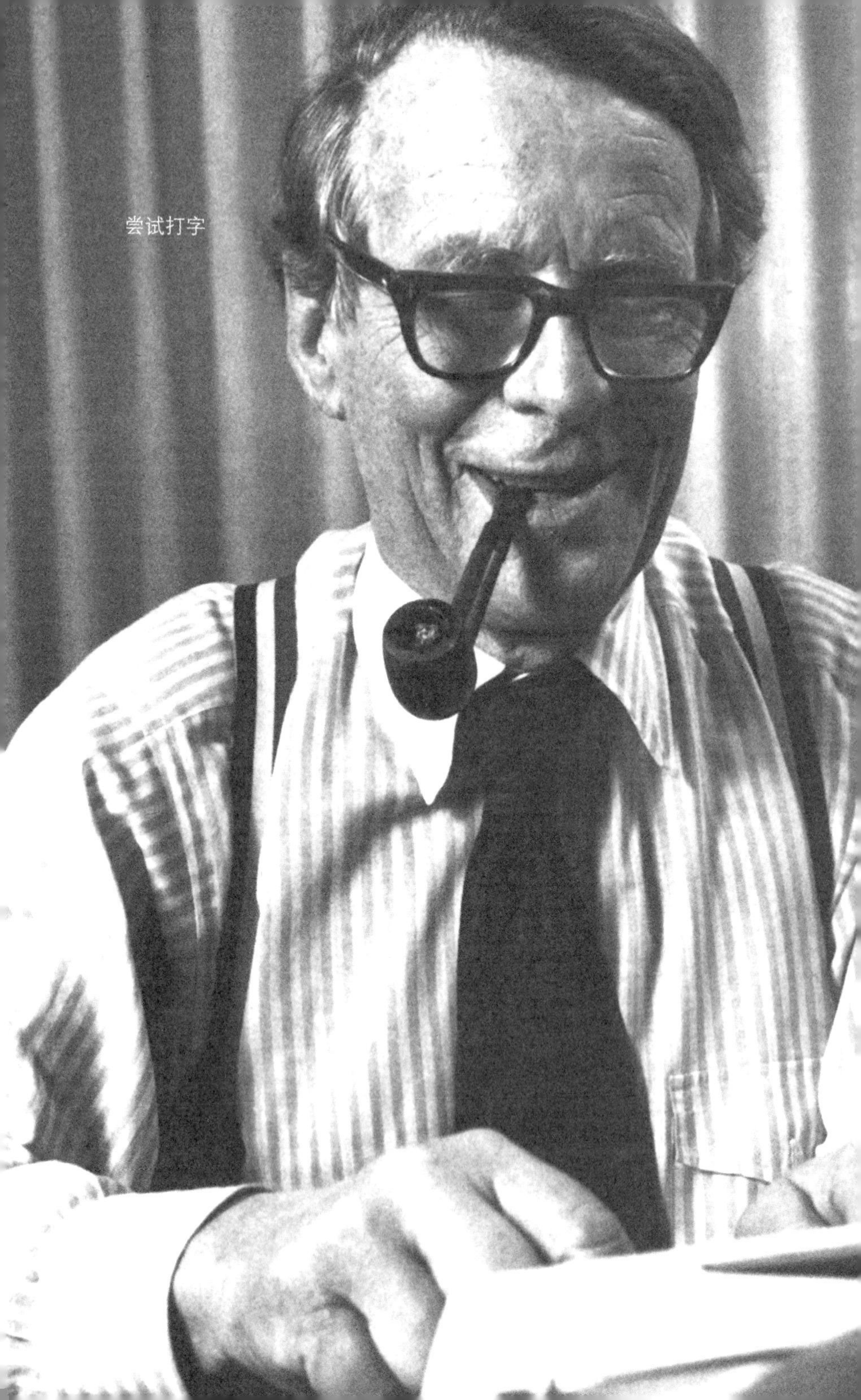

第八章
怎样制作上乘的电视广告

David Ogilvy

斯坦厄普·谢尔顿（Stanhope Shelton）说："一则几秒钟的电视广告可以装在一个直径两英寸半的药片盒里。这个小药片盒是 30 个人几个星期聚精会神劳动的成果。它是可以决定盈亏的。"

我发现，使电视广告的推销能力成倍增加比使节目收视率提高一倍来得更容易一些。这对瞧不起我们这些微不足道的电视广告撰稿人的那些好莱坞节目制作人来说，可能是个新闻。

电视广告的目的不是娱乐观众，而是向他们推销。霍勒斯·施维林（Horace Schwerin）的报告说，观众对电视广告的喜爱与受电视广告影响而决定购进某种商品之间并无必然的关联。[①] 当然这并不是说

[①] 1988 年，奥威格修正了这种观点，认为观众喜欢的电视广告的销售力大于他们不喜欢的广告。见前文《本书背后的故事》。——译者注

你应该故意把广告片拍得粗俗。相反,把它做得有人情味、让人觉得它很亲切是很值得的,只是不要把它拍得油腔滑调。

在电视时代的早期,我犯了依靠语言来推销的错误,我习惯了没有画面的广播。我现在明白电视是用画面来讲故事的。所以画面比声音更重要。语言和画面必须互相配合、互相扶持。语言的唯一功能是解释画面所表现的东西。

盖洛普博士的调查说,如果你用嘴讲的东西没有画面配合,那么你讲些什么观众很快就忘掉了。我的结论是,如果不用画面来表达,单用声音讲就毫无意义。你试着把电视机声音关掉来看你的广告,如果没有了声音它就失去了推销力,那么它就一点儿作用也没有了。

大部分电视广告都是长篇大论,把观众搅得头昏脑涨。我劝你把解说词的文字限制在每分钟 90 个字之内。①

以电视广告来推销产品确实比用印刷广告有效,这是事实。可是最有效的电视广告是只就商品的一两处重点用简洁的语言展开。一则电视广告里堆砌许多的东西只会使观众麻木,不能由委员会来制作电视广告的原因就在于此。在广告里搞折中是不行的。不管你做什么,

---

① 1988 年,奥格威修正了这种说法,认为每分钟 200 个字可以推销更多的产品。见前文《本书背后的故事》。——译者注

都要坚持一元化到底。

在报纸和杂志上做广告,你是从吸引读者的注意力开始的,但是就电视广告而言,观众在一开始的时候就已经在注意了,问题是不要把观众吓跑。最要命的是广告一开始就提醒他们将要听到"来自我们赞助商的友好保证",他们会像巴甫洛夫的小狗听到铃声一样,一听到这话就跑去上厕所。

大部分电视广告的目的是宣传你的销售承诺,使观众在下次采购时能想起来。因此我建议在每一则广告中至少要把这种销售承诺重复两遍,用图表表达或者把它作为字幕打在荧屏上。

可怜的一般消费者现在一年要碰到 1 万条电视广告,所以一定要让观众知道你的电视广告里宣传的商品的名字,要从头到尾、"令人厌烦"(ad nauseam)① 地多次重复它。② 至少用打字幕的方法表示一次。还要让观众看看这种商品的包装,以使他们在商店中认得出它来。

要让商品本身在电视广告中扮演主角,就像我们为麦氏咖啡做的电视广告那样,主角很简单,一只咖啡壶和一杯咖啡,"滴滴香浓,意犹未尽(good to the last drop)。"(可不是我想出来的,西奥多·罗

---

① 我的一个姐姐曾经建议我干脆把公司名字改为"ad nauseam"。
② "ad nauseam"为拉丁语,意为令人讨厌、令人作呕的。——译者注

斯福就这么说过①。)

创作一则 60 秒的电视广告，你可以运用 58 秒来做推销，你的客户每秒花的钱是 500 美元。所以要马上进入正题。不要把无关紧要的片头搞得很长，从第一个画面起就开始推销产品，直至最后一个画面。

对需要用示范来推销的产品，如烹调佐料、化妆品和外敷药膏等，电视是人类所发明的最有力的广告媒体。使用这种媒体能否成功，有赖于创作者是否有本领使人相信示范的真实性。传播界公开了一些联邦贸易委员会审理的诉讼案，使美国公众很害怕碰到欺诈行为。

盖洛普博士做的公众对各类电视广告的反应的调查提供了很多有价值的资料。他告诉我们，一则电视广告，一开始就提出问题，继而推出产品来解决问题，然后用示范表演来证明问题的解决，其推销力为简单地讲述产品功能的电视广告的 4 倍。

盖洛普博士的调查还说明，带有新商情的电视广告有特别的效力。因此，你应该在你的电视广告里把产品的所有新闻价值都充分地加以利用。

---

① 西奥多·罗斯福（Theodore Roosevelt，1858~1919），美国第二十六任总统。——译者注

第八章
怎样制作上乘的电视广告

但是也有无法提出新信息的时候。你的产品也许已经行销市场多年，配方上也并无什么特别有意义的改进。有些产品你无法介绍说它能解决什么问题，有的也不能做示范表演。所有这些确实有效的招数都用不上，怎么办？就泄气了吗？大可不必，还有另外一种足以移山的窍门：感情与情绪（emotion and mood）。要恰当地使用这一招而不致遭到观众的嘲笑是很难的，但是欧洲广告界应用它却极其成功，最明显的例子就是美瑟暨克劳瑟广告公司为水手牌香烟（Player's Cigarettes）做的电视广告。

现在一般消费者每月要看 900 个电视广告，其中大部分没有在他们的记忆中留下一丝印迹，就像水从鸭子背上滑过一样。因此，你应该为你的电视广告做独特的处理，加进使观众长期不会忘掉的因素。但是要谨慎从事，以免观众记住了你的手法而忘掉了你的销售承诺。

有一天凌晨两点，我突然被头脑中的某种想法搅醒，我把这个念头记了下来：在佩珀里奇农场面包的电视广告的开头，让泰特斯·穆迪（Titus Moody）驾着一辆面包房的马车和一群马一起走在乡间道上。这个主意成功了。

不要用唱的方法来传递你的销售信息。推销是严肃的事。若是你走进西尔斯-罗伯克百货公司去买煎锅，售货员却对你唱起来，你将做何反应？

老实讲，我并没有充分的调查资料证明唱歌不如说话更能说服人。这仅是根据我自己的经验形成的看法。听唱歌，很难弄清楚歌词是什么。我挨户挨户推销商品的经验也是这样，我从来不对我的潜在顾客唱歌。那些相信唱歌有推销力的广告主根本没有推销经验。

我的这种偏见并不是我所有的同事都同意的。我出去度假时，他们有机会给我们的一位客户塞了一部有广告歌的电视广告。尽管其中至少有一首的确是家喻户晓的，这个例外却证实了我的观点，唱歌的推销力不行。（写完这一段后，我得到了一份关于为另一种名牌人造黄油制作的两部电视广告的调查材料。这两部电视广告几乎完全一样，不同的是其中一部文字部分是说出来的，另一部是唱出来的。说话的一部招来的顾客比唱歌的那一部高3倍。）

电影院里的银幕是40英尺宽，这就容许电影片里有大场面、远景镜头。但是电视荧屏的宽度不足两英尺，是不宜拍像《宾虚传》[①]里的那种大场面的。我建议你在电视广告中除了近镜头、特写镜头外，别的都不要用。

[①] 《宾虚传》(Ben-Hur)，美国作家刘易斯·华莱士所著，是描写基督教兴起时的罗马帝国的小说，曾被数次改拍为电影，有许多大场面。——译者注

第八章
怎样制作上乘的电视广告

避免在电视广告里经常出现的这样一类场景——一群放荡不羁的人在豪饮、一帮食客在狼吞虎咽、一大家人在一起喧喧嚷嚷,以及各式各样的麦迪逊大道的老套,这些东西提不起消费者的兴趣,来购买你的产品。

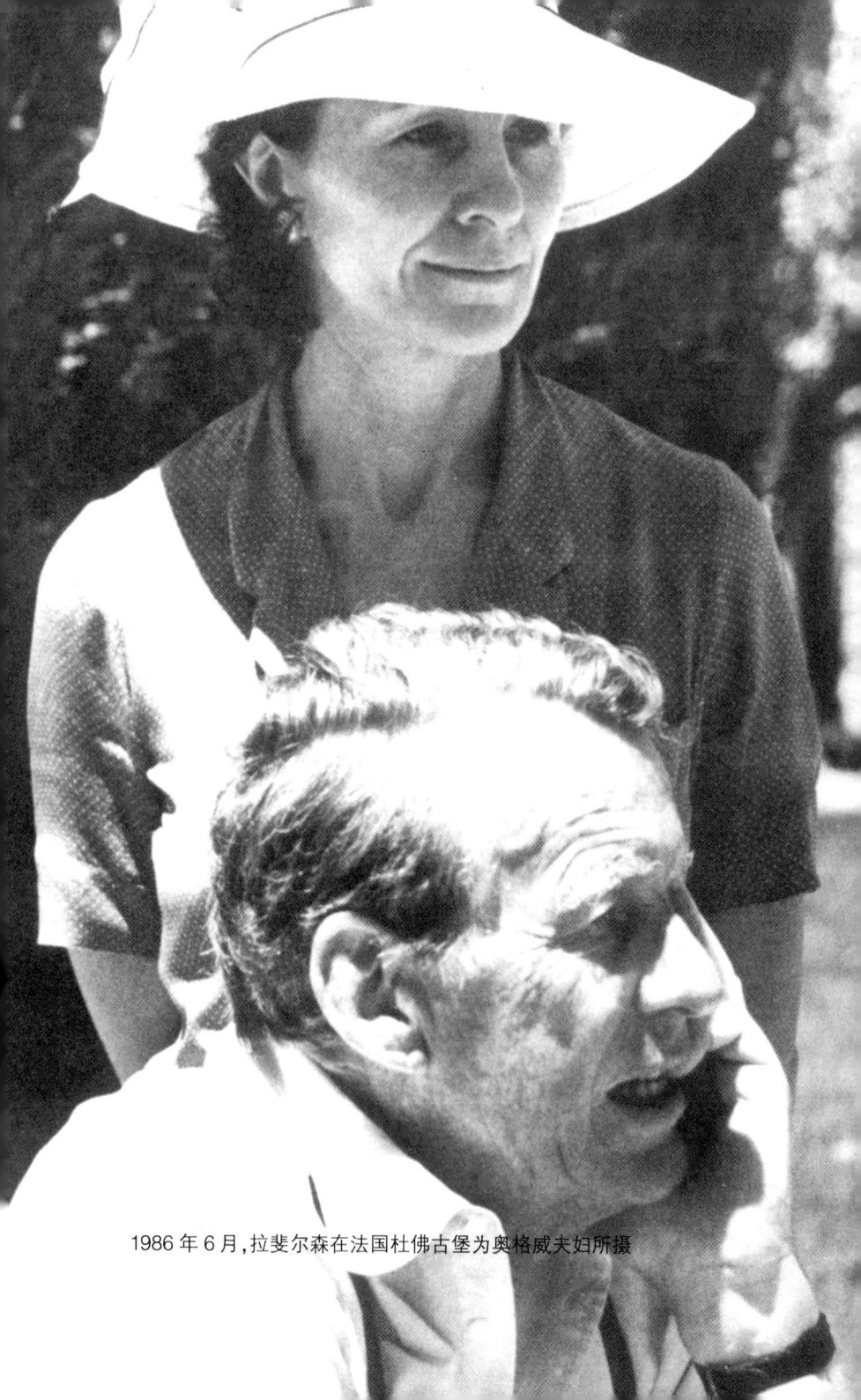

1986年6月，拉斐尔森在法国杜佛古堡为奥格威夫妇所摄

第九章
怎样为食品、旅游地和专利药品制作优良广告

David Ogilvy

本书所提出的戒律，以及它们所依据的调查都是原则性的。每一类别的产品各有自身的独特问题。比如，在为洗涤剂做广告时，你要考虑的是要承诺这种洗涤剂可以洗得更白呢，还是更能去污或者更能使衣物有光泽。你要是为威士忌做广告，那就要考虑到底要突出产品的哪些优点。你要是为香体剂做广告，你就要衡量一下，是强调它的除味能力多些呢，还是多强调它的清爽作用。

食　品

　　食品广告宣传涉及的特殊问题颇多。比如，你能不能用黑白电视广告使食品在电视荧屏上表现得引人垂涎？能不能用文字说服你的广告读者，你宣传的食品味道很好？营养丰富这种特点的重要性如何？

要不要有人示范在吃这种食品？

我通过调查来解答这一类问题，我所得到的结论可以归纳为这样22点：

印刷广告：

（1）以食欲诉求为中心来创作广告。

（2）使用的食品插图越大，食欲诉求力越强。

（3）在食品广告中不要出现人。人会占去大块版面，版面应用来表现食品本身。

（4）使用彩色印刷。用彩色比用黑白印刷更能引起人的食欲。

（5）使用照片，照片比图画更具食欲诉求力。

（6）使用一张照片比使用两三张更醒目。如果非使用几张不可，则应该使其中一张占有主导地位。

（7）如果可能，就提供一些菜谱或食用法。家庭主妇总是在寻求新的烹调法以愉悦家人。

（8）不要把烹调法写在广告正文里。把它独立出来，要突出，引人注目。

（9）在主要插图照片上表现出烹调方法来。

（10）不要把烹调法印刷在以线条或花纹作底的地方，把它印在白底的版面上会吸引更多的家庭主妇阅读它。

（11）只要有可能就在广告中加进新商情：新产品信息、老产品的改进，或是老产品的新用法等等。

（12）标题要写得有针对性，不要一般化。

（13）把品牌名称写进标题里。

（14）把你的广告标题和正文都排印在插图之下。

（15）突出包装，但不要压倒引起读者食欲的照片。

（16）要严肃。不要用幽默和幻想。标题里不要小聪明。对绝大部分家庭主妇来说，操持家人膳食是很严肃的事情。

电视广告：

（17）示范如何使用你的产品。

（18）只要不牵强，就用自问自答的方法。

（19）只要有可能就拿出新闻来，声音要大，要清晰。

（20）尽早让产品在电视广告中亮相。

（21）不要为音响而使用音响，只在和产品有关时才使用音响效果——咖啡倒进杯里的声音、炸猪排的吱吱声和玉米花的爆裂声。

（22）电视广告是用来推销产品的，不要让娱乐性占上风。

旅　游　地

为英国旅游假日协会、波多黎各和美国旅行社做广告的经验使我对怎样做好旅游广告得出一些结论。这些结论可以归纳为以下 8 点：

（1）旅游广告宣传必定会影响有关国家的形象。从政治上看，你的广告能否树立正面形象是非常重要的。如果你为你的国家做的广告很低劣，那么你就会让人觉得你的国家也不怎么样。

（2）旅游者不远万里而来，不是为了看那些自家门口就可以看到的东西。比如说，你无法说服瑞士人跑上 5 000 英里到美国来看科罗拉多山。要把你的国家最能吸引游客之处拿来做广告。

（3）你的广告应该为你的读者树立一个难以忘却的印象。看到广告与决心买机票启程之间酝酿时间大概是很长的。

（4）刊登你的广告的媒介是给有条件做长途旅行的人看的。这些人受过良好的教育。不要低估他们的智力。用成熟的文字写广告——而不用一般惯用的旅游广告套话来写。

（5）国际旅行的最大障碍是费用。你的广告应该强调文化和个人身份的特点，让读者觉得他的旅行消费是合理的。

（6）旅游线路极易受潮流影响。广告应该把你的国家说成世界热门旅游点。潮流具有引导旅游消费的魔力。

（7）人们都梦想遥远的地方。广告应使他们的梦想变成行动——把潜力转化为实在的力量。给读者提供"旅游指南"能最好地实现这种转化。在为英国、美国和波多黎各旅游业做的广告中，用引人入胜的照片加上有针对性的信息的效果最好。

第九章
怎样为食品、旅游地
和专利药品制作优良广告

（8）避免采用外国人不易理解的话题。有些话题本国人是极易心领神会的，但文化背景不同的外国旅游者——顾客们，是无法领略它们的神韵的。

我的"请君莅临英国观光"的广告出奇成功，但也遭到了英国舆论的猛烈攻击。他们的理由是，我的广告为英国树立了一个老大帝国的形象——茅屋村舍、旧式生活风尚等等比比皆是，伤害了英国的尊严。他们指责我把英国描绘成一个农村味儿十足、生活在昔日余晖里的小王国，质问我为什么不去表现"真实"的英国：一个为世界生产了青霉素、喷气式引擎，培育了亨利·摩尔[①]和建立了原子能发电站的重要的福利工业国。

这些事实在政治上当然可以说很有价值。但我们广告宣传的目的是吸引游客，美国人不会远渡重洋去看发电站。他们更希望看威斯敏斯特教堂。我也一样。

美国旅游者决定去某个国家旅行时，他打算去的国家的居民的态度对他的选择有很大影响。我的调查表明，他们心目中的英国人有礼貌、有文化修养、诚挚直爽、清洁、讲公德。但是，他们也觉得英国

---

① 亨利·摩尔（Henry Moore，1898～1986），英国当代著名雕塑家、画家和作家。——译者注

人冷漠、自负和多愁善感。所以，在我们的广告宣传里，我们尽最大努力来纠正人们心目中这些令人不愉快的方面，加强宣传英国人民友好的一面。

我惊奇地发现，美国旅游者并没有"胃口不服"的事。我是学过法式烹调的，我很难相信有那么多的美国人对英国饭菜的喜爱程度超过了法式饭菜，事实确是如此。他们看不懂法国菜谱，也不喜欢浓浓的调味汁。

至于在满足美国旅游者嗜酒的习惯方面，英国人并不比法国人差。美国游客可能不太喜欢英国啤酒，但是他们都喜欢苏格兰威士忌，而不喝波尔多红葡萄酒——就连在法国人当中这种偏爱也在增长。我们真是生活在可怕的时代。

有一次我和一位英国内阁大臣在一起策划如何说服女王陛下的财政大臣多拨点钱在美国多做点英国的旅游广告。他说："头脑清醒的美国人明明可以去阳光充沛的意大利度假，但却偏要跑到英国来受这种阴湿夏天的罪，真不知是怎么搞的。我想唯一的解释只能是你为英国做的广告。"

不幸言中了。

专利药品

为药品做广告是一种特殊的艺术。在这里我简要地把一些原则奉

第九章
怎样为食品、旅游地和专利药品制作优良广告

献给致力于这种广告艺术的诸君[①]：

（1）宣传专利药品的好广告要抓住这种品牌和其他与之竞争的品牌之间"独有的差异"。

（2）宣传专利药品的好广告要含有新信息。它可以是新产品，可以是已经推出的产品某方面的新改进，也可以是新的处方，还可以是一种大家都熟悉的讨厌毛病（比如说口臭）的新名字。

（3）宣传专利药品的好广告要使人产生严肃的感觉。身体不适对患者来说绝不是开玩笑的事。他需要的是对他的不适的关怀。

（4）宣传专利药品的好广告给人们以权威感。这是医生和病人之间的关系在药物方面的表现，并不简单地是销售人与买主的关系。

（5）广告不应该只停留在夸你的药的优点上，还应该讲清病情，患者读完你的广告应该感觉他对自己的病情已有所了解。

（6）不要忽略病人相信药品的心情。一个身染疾病的人希望你能帮助他。他愿意相信就是药品疗效的积极成分。

[①] 我要感谢路易斯·雷蒙（Louis Redmond）帮助我归纳出这些原则。

1979 年，在纽约年度员工大会上演讲时所摄

第十章
怎样才能功成名就
——对年轻人的进言

David Ogilvy

  我的一位爱尔兰祖先进入约翰公司任职,并且成功地"摇着了黄金树",换句话说,他挣了大钱。现在,我自己也不觉老之将至了,也正在麦迪逊大道摇着黄金树。这是怎么做到的呢?

  我观察我自己的雇员的职业生涯已14年,综合出了一套可以令人迅速功成名就的行为模式。

  首先,要有大志但却不可咄咄逼人,以免引得你的同事对你群起而攻之。每个士兵的腰里都可以挂上一根将军用的指挥棍,但是不要让它暴露在外。

  若你是从哈佛商学院毕业后直接进入广告公司的,那你切不可锋芒毕露,而且要坚持继续学习。经过一年的艰苦训练,你也许可以当上一位助理客户主管——一种不高不低的职务。一旦这一点实现，你就应该下决心成为本公司里对与你所主管的客户有关的一切情况和知识最为熟悉的人。比如，如果你主管一家经营石油的客户，那么你就要阅读化学、地质和关于石油产品销售的书籍；遍读你的公司关于石油产品的所有研究报告和营销计划；把你的星期六上午花在汽油站、加油点，和开车的人交谈；深入到客户的炼油厂、研究实验室里去，研究他们的市场对手的广告宣传。第二年之末，你对石油各方面的知识就会懂得比你的领导还多，你就具备了接替他的条件。

广告公司的青年人绝大部分过于疏懒，不肯做这类"深入了解"的工作，满足于一知半解。

克劳德·霍普金斯把自己的成功之道归于他比其他的文案撰稿人工作的时间长两倍，因此晋升的速度也两倍于其他撰稿人。过去40年里出现的最好的广告公司之一之所以表现极其卓越，是因为它的创始人对他的妻子极不中意，很少在午夜之前离开办公室。我在结婚以前过单身生活的时候，总是工作到凌晨。若你喜欢把自己的时间消磨于摆弄月季玫瑰、和孩子共享天伦，我当然会更喜欢你，但是你却不能抱怨对你的提拔不快。经理提拔下属当中产出最多的人。

若广告公司的人员都是按件计酬，那么好吃懒做的人就会很难维生，勤劳苦干的人能得到的升迁会比现在还快。威廉·肖克利博士

（Dr. Willian B. Shockley）在研究贝尔实验室的科学家的创造性时发现，约25%最有创造性的人申请的专利10倍于大体相同数量的最无创造力的人的申请，可是他们的薪酬只比最无创造力的人多50%。不公平是不是？是的，我也这样认为。阿尔伯特·拉斯克尔给一个平庸的撰稿人周薪100美元，但是克劳德·霍普金斯每写价值100万美元的广告，拉斯克尔就付他5万美元。拉斯克尔、霍普金斯以及他们的客户三方都从中得益。

目前的一种时兴说法是，成功的广告绝不是什么个人的功劳。对所谓的"集体创作"的强调完全是胡闹——是一群平庸之辈的阴谋。任何广告、电视广告片、任何形象都不能由什么委员会群体创作而成。最高层管理人员中的大多数都明白这个道理。他们紧盯着那些会下金蛋的鹅。那些出类拔萃的人物得到的报酬虽然再也不能和霍普金斯相比，但他们是广告公司中在萧条时期唯一不受解雇威胁的人。他们使公司花费的钱产生价值。

你在广告公司干的活大多只是日常的例行公事。要是干得不错，你会得到一步步的升迁。但是只有在出现突然的时机的时候，你才会有最可贵的机会。诀窍是重大时机出现的时候你要能识别它、抓住它。

几年前，利弗兄弟公司要求他们聘用的7家广告公司提交关于当时刚刚出现的电视媒体的政策报告。其他的广告公司提交的报告大多只是五六页，而我们公司的一位年轻职员不辞辛苦地收集一切可靠的统计材料，夜以继日地干了3个星期，写成了一份177页的分析报告。游手好闲的同事讥他为"卖命干的家伙"，但是一年之后，他被选进了我们的董事会。最成功的事业往往就建立在这种孤军奋战、披荆斩棘的突然事件之上。这会让客户大吃一惊的。

今天进入广告公司的绝大部分年轻人，都决心要走客户主管这条路。这可能是因为他们是商业学校教育出来的通才，他们的使命是经营管理，而不是成为专才。他们都未注意到当今世界上6个最大的广告公司的领导人在登上第一把交椅之前全部是专才：其中4人是文案撰稿人，一个出自媒体，另一人是市场调查员。他们都没有当过客户主管。

客户主管要成名，比起专才来要艰难得多。因为公司的辉煌成就大多得自专才，客户主管是很少能沾光的。我因此很希望我的儿子成专才——在媒体方面、市场调查方面，或者是专于文案撰稿。他会发现在这些部门里竞争不十分激烈，不仅晋升的机会多，而且可以获得一种能给人以心理和经济上的安全感的专业技能。

也许有些年轻人是被客户主管这种工作中的旅行、宴请所吸引。他们很快就会发现，如果一面吃蛋糕，一面还要向客户解释产品在市场上失利的原因，那么即使是在第一流的饭店里用午餐，也不是什么乐事。若是自己的孩子生病住院，而自己还要四处奔波分析测试市场，就更是噩梦一场。

　　要是我的儿子不理会我的劝告当上了客户主管，那我就要给他这样的一些忠告：

1. 你的客户迟早会反对你——或者是因为他不喜欢你，或者是因为你没有使他得益，也可能是因为他把本来出自你公司其他部门的失误归咎于你。这样的情形出现的时候，你切莫灰心丧气。我知道有一家公司的老板一年之内三次遭到客户反对却没有垮掉。

2. 如果你只是想当一个在客户与公司其他部门之间起联络作用的角色，像一个在厨师与餐厅顾客之间往来穿梭的跑堂的人那样，那么你总是可以混过去的。最好把这样的客户主管叫作"传声筒"。毫无疑问，你一定可以得心应手地履行这样的职责。但是我希望你用更远大一点的眼光来看待你的工作。好的客户主管需要具备最复杂的专门技能：成为市场营销专家。

3. 不论你多么勤奋苦干，也不论你知识多么渊博，35岁以前你是不可能代表公司接触客户决策层的。我的一位同事把他得以被迅速提升归功于30岁就秃了头，另一位这样的幸运儿40岁就白了头。要有耐心。

4. 如果你不学会如何向客户做高质量的提案，你就不可能成为一个高级客户主管。你的客户大多是大公司，你必须善于向他们的决策层推销你的广告计划。好的提案的文字必须严谨流畅，讲述时也要活泼中肯。可以悉心、刻苦地学习前辈大师们写的提案，这样一定可以写得很好。可以通过观察有成就的专才的提案，学习他们讲述的技巧，使自己的讲述生动、有条理。

5. 不要以轻视和敌对的态度对待客户。这是通常易犯的错误。要和他们交朋友，把自己当成他们当中的一员。买他们的股票。不要卷进他们的内争中去。若是你支持了内争中败的一方而失去了一个客户，那是很不幸的。要向塔列朗①学习，他曾在法国的7个政权中服务过。向布雷大主教（Vicar Bray）学习，他说："先生，随便你怎么改朝换代，我还是当我的大主教。"

6. 在你和你的客户及同事日常磋商的时候，要能舍车马保将帅。一个在小事情上光荣让步的人，在大问题上坚持斗争的时候，别人是很难不考虑他的意见的。

7. 不要在电梯里讨论你的客户的业务，将你的文件好好地锁起来，嘴不严、文件管不好会毁掉你。

8. 要是你想把某种想法叫文案撰稿人或是调研经理接受下来，你要在私下委婉地和他们磋商。在麦迪逊大道，说教的人是不受欢迎的。

---

① 塔列朗（C. M de Talleyrand-Perigord，1754~1838），法国外交家、政治家，在法国大革命时期、拿破仑时期、波旁王朝复辟时期和路易—菲利普时期都任过高官。——译者注

9. 勇于在你的客户和同事面前承认自己的失误就会赢得他们的尊敬。坦诚、客观和富于理智的诚实是专业广告人必备的素质。

10. 要学会写流畅的公司内部文件。要记住阅读你的报告的高级人士日理万机，工作量比你大得多。你的文件写得越长，他们认真读它的可能性就越小。1941年，温斯顿·丘吉尔给海军司令写了这样一个便条：务请于今天"用一页纸"写下怎么调整我们皇家海军以适应现代战争的要求。（引号是我加的。）

要记住你的工资比你在其他行业的同辈要高，这有三种原因：

首先，能干的广告人供不应求；其次，广告公司的福利比其他行业少；最后，广告职业保障也比其他行业低。所以要尽力使你的支出低于收入，这样你就可以忍受一段时间的失业。如果可能购买你们公司的股票，你切莫错失良机。在其他方面也搞些投资。生活保障是广告人65岁以后共同的严重问题。

衡量一个年轻人的能力和抱负，我觉得方法之一是看他如何利用他的假期。有些人白白把三个星期浪费掉，有些人则善用余暇，在假期中使身心获益良多。我向你们建议以这样的良方来度过一个有意义的假期：

不要待在家里无所事事。你需要换换环境。带上你的妻子外出，但是要把孩子留给邻居，小家伙是外出度假的累赘。

假期里完全不接触广告。

前三天每天服一粒安眠药。

呼吸大量新鲜空气，多做运动。

每天读一本书——3个星期读21本（假设你参加了"每月一书俱乐部"的速读法课程，你已能每分钟读1 000字）。

多到国外去看看以开阔眼界，即使需自己驾车也要尽力而为。但要从容，以免过度疲惫。

心理学家说，每人都应该有一种嗜好。我推荐的嗜好就是广告。选上一个你的公司了解甚少的题目，努力钻研，使自己成为这个问题的专家。计划每年写一篇好文章，投给《哈佛商业评论》。值得一写的题目有：零售价格心理学、建立最适度的广告预算的新方法、政治家对广告的使用、跨国企业广告一体化的障碍、媒体的预计覆盖率与实际覆盖率间的矛盾。一旦你成了这些令人头疼的问题公认的权威，你就可以青云直上了。

第十章 怎样才能功成名就
——对年轻人的进言

总而言之，奋力迈进，但是要小心，不要误入歧途。索菲·塔克①说："我富过也穷过。但是请相信我，富有是最妙不可言的。"

---

① 索菲·塔克（Sophie Tucker，1884~1966），美国歌唱家，杂耍班出身，在舞台、银幕、电视上和在夜总会演唱，深受美国大众喜爱。——译者注

1984年奥格威夫妇摄于旧金山

第十一章
广告是否应予废止

David Ogilvy

不久以前我的姐姐亨迪爵士夫人想说服我，广告应予废止。我觉得让我来谈这个很有点威胁性的建议是颇为困难的，因为我既非经济学家也不是哲学家。但是我至少可以指出，对这个问题是众说纷纭的。

已故的安奈林·比万①说："广告是罪恶的勾当。"阿诺德·汤因比②说："想不出在什么情况下广告能不是邪恶的。"加尔布雷斯教授

---

① 安奈林·比万（Aneurin Bevan，1897～1960），英国工党左派领袖，1940～1945年任《论坛报》主编。1945年，在工党政府中任卫生大臣，1951年1月任劳工大臣。——译者注

② 阿诺德·汤因比（Arnold Joseph Toynbee，1889～1975），英国著名历史学家，早年就学于温切斯特公学和牛津大学巴利奥尔学院，后在牛津大学、伦敦大学任教多年，还担任过记者，他著作甚多，12卷的《历史研究》是其代表作。——译者注

认为广告诱人把本应用于公共事业的钱浪费在购买"不必要"的东西上。

但是，若是以为所有自由派人士对广告的观点都和比万、汤因比、加尔布雷斯的一样那就错了。富兰克林·罗斯福总统就有另外的看法：

> 如果我能重新生活，任我挑选职业，我想我会进广告界。若不是有广告来传播高水平的知识，过去半个世纪各阶层人民现代文明水平的普遍提高是不可能的。

温斯顿·丘吉尔爵士有和罗斯福先生同样的观点：

> 广告培育了人的消费力。它为人争取有一个美满的家庭、为自己和为全家争取有更好一点的衣着、更好一点的饮食立下了目标，它激发了个人的努力，也刺激了生产。

差不多所有严肃的经济学家，不管他是什么政治色彩，都认为广告在提供新产品的信息方面，起着有益的作用。苏联的阿纳斯塔斯·米高扬（Anastas L. Mikoyan）说：

> 我们苏维埃的广告向人们提供市场上出售的货物的确切信息，促进新的需求，培养新的喜好和要求，促进新产品的

营销和向消费者解释新产品的用途。苏维埃广告的首要任务是对所宣传的产品的性质、质量和特点提供真实、准确和恰当的说明。

维多利亚时代的经济学家阿尔弗雷德·马歇尔①也赞许给新产品做"信息性"（informative）广告，可是却把他所谓的"竞销性的"（combative）广告指责为浪费。伦敦经济学院（London School of Economics）的沃尔特·塔普林（Walter Taplin）指出，马歇尔对广告的分析"表现了对广告的偏见和颇为激动的态度，而广告这东西却是任何人甚至经典的经济学家都不能摆脱掉的"。当然，马歇尔有些谨小慎微。他最杰出的学生梅纳德·凯恩斯（Maynard Keynes）有一次曾把他说成是"十足荒谬的人"。马歇尔关于广告的言论一直为后来许多经济学家所引用，而且"竞销性的"或者"诱劝性的"（persuasive）广告是经济上的浪费也成了正统信条。真是这样吗？

从我自己的业务经验来说，学术界泰斗们赞许的那种传递信息实事求是的广告，就推销效果来看，比起他们指责为"竞销性的"或者"诱劝性的"广告来，绩效的确更好。商业自身的利益和学术的见解不谋而合了。

---

① 阿尔弗雷德·马歇尔（Alfred Marshall，1842～1924），英国经济学家，剑桥学派创始人。他的主要著作《经济学原理》很具影响。——译者注

若是所有的广告主都不再采用夸大吹嘘的宣传,而转到我为劳斯莱斯汽车公司、荷兰皇家航空公司和壳牌石油公司所做的实事求是、信息丰富的广告方面来的话,他们不仅会扩大销售,而且还会得到一个好名声,受人敬爱。广告越有信息价值,它的劝服力也就越强。

最近希尔暨诺尔顿公司(Hill & Knowlton)以"广告是否应该讲事实"为题,对知识界领袖们做了意见调查。投票正面维护这个庄严命题的人数之多真是惊人:

宗教领袖	76%
高水准出版物编辑	74%
高等学府的行政领导	74%
经济学家	73%
社会学家	62%
政府官员	45%
学院教务长	35%
商界领导人	25%

我们由此可以看出,人们普遍认为实事求是的广告宣传是件好事。但绝大部分经济学家都步马歇尔后尘,起而谴责品牌间"诱劝性"的竞销广告。由于致力于波多黎各的经济复兴而始终受我钦佩的

第十一章
广告是否应予废止

雷克斯福德·特格韦尔（Rexford Tugwell）指责"企图把一家公司的生意拉到另一家公司去的广告是巨大的浪费"。斯图尔特·蔡斯（Stuart Chase）也有同样的观点：

> 广告唆使人不再买甲品牌的肥皂，而去买乙品牌的。实际上，绝大多数的广告都是在为质量极为相似的产品而竞争。

庇古、布雷斯韦特、巴斯特、沃恩、费尔柴尔德、莫根、博尔丁等经济学家都众口一词地肯定了这种观点，认为大多数广告所宣传的同类产品质量大都差不多，所不同的只是产品的品牌名称。

我可以告诉这些学术权威一个小秘密。他们谴责的"竞销性"广告所产生的销售效果并不如他们认可的"信息性"的广告。

我的经验是，广告说服消费者使用一种新产品相对来讲比较容易。但是消费者对已推出相当时间的产品的广告宣传，由于宣传中缺少新信息，反应是相当冷漠的。

因此，我们广告公司为新产品做广告的收益要比为老产品做广告的收益大。学术界的论证和商业自身的利益又一次不谋而合。

广告会引起价格上升吗？ 赞成和反对这个错综复杂的问题的肤浅看法实在多如牛毛，而对广告对价格有什么影响的严肃研究却少得可怜。哈佛大学的尼尔·博登教授（Neil Borden）考察过数百个案例。在一个由5位高水平教授组成的顾问委员会的帮助下，他得出了一些结论，这些结论应该由更多的学术权威广泛研究，然后充实到广告经济学中去。比如，"在许多大工业里，大规模生产得以进行的部分原因是广告宣传，而大规模生产起到了降低生产成本的作用"。又如，"用广告宣传或者其他促销手段来建立市场，不仅能使大企业将产品售价下调至有吸引力的水平，而且也为廉价的无名小品牌创造了机会"。确实是这样，我死后你们会发现梗塞在我心中的不是玛丽·都铎所说的那梗死她的加来港①，而是一大堆无名小品牌。无名小品牌是我们广告人的天敌。现在日用百货店销售额的20%来自零售商搞的小品牌。这些商品是不做广告宣传的，真是可恶的寄生虫。

博登教授和他的顾问们得到这样的结论：广告"虽然肯定不免受到批评，但绝不是经济负债而是经济资产"②。这样他和罗斯福、丘吉尔的意见就一致了。然而，他们并不支持麦迪逊大道的全部行为。比

---

① 玛丽·都铎与加来港：英国都铎王朝女王玛丽·都铎（Mary Tudor, 1516~1558）与其夫西班牙国王腓力二世结盟对法作战。玛丽失败后丧失了英国在法境内的最后一个据点加来港。玛丽对此含恨至死。——译者注
② 《广告经济学》（The Economics of Advertising），理查·欧文出版公司（芝加哥），1942年版），第25~39页。

如，他们认为广告没有为消费者提供足够的信息。我的实践经验令我同意这种批评。

我们很应该听一听花了股东大量金钱做广告的人对广告怎样影响价格究竟说了些什么。这里引的是利弗兄弟公司前董事长海沃思勋爵（Lord Heyworth）的话：

> 随着广告的实施，带来的是节省的效果。在销售方面，它使资金周转加速，因而使零售价得以降低而不致影响零售商人的利润。在生产方面，这是使大规模生产得以实现的一种因素。谁又能不承认大规模生产导致成本下降呢？

最近宝洁公司的总裁霍华德·摩根斯（Howard Morgens）也说了大体相同的话：

> 在我们公司里，我们一再证实，广告对新产品所带来的节约远比用于广告的总投资大得多。……使用广告宣传清楚地收到对公众降低价格的效果。

对许多产品，广告费还占不到消费者在零售店买这种产品所花的钱的3%。但是，一旦广告被废止，你花在寻求一种合适的东西上的钱，远远要超过你省下的那一点点钱。比如，如果《纽约时报》周末版上没有广告，那么你花在买这份报纸上的钱就大得可观。再想想那样的报纸会是多么枯燥无味。杰斐逊①只读一种报纸，而且还是"读它登的广告多于它刊登的新闻"。大部分家庭主妇会说同样的话。

广告是否鼓励垄断？博登教授发现，"在某些行业，广告促进了需求的集中，因而成了导致供应集中于占统治地位的公司的因素"。但是他得出的结论是，广告不是垄断的基本原因。其他的经济学家则认为广告推动了垄断。我同意他们的观点。小公司要推出新的品牌现在是越来越难了。广告宣传费用高昂，要取得效益必须做巨额的投资。这只有根基稳固的大企业才能负担。若是你不相信我的话，你不妨试试以低于 1 000 万美元的广告费推出一个新品牌的洗涤剂，看看是不是能成功。

此外，大广告主比起小竞争者来可以使用便宜得多的价钱买下版面和时间。因为媒体给他们大版面折扣。这种大版面折扣又促使大广告主买下小广告主。他们花原价 3/4 的钱可以做同样的广告，而赚下那 1/4 的钱。

广告腐蚀了编辑吗？是的。但是被腐蚀的编辑比你所想的要少。有一次某杂志的出版人竟然以理所当然的口气向我投诉，说他为我的

---

① 指美国总统托马斯·杰斐逊。——译者注

一家客户做了一个 5 页的报道，可是只收到两版广告的回报。但是，绝大部分编辑是能恪守专业的规约的。

哈罗德·罗斯瞧不起广告，有一次他向他的出版人建议《纽约客》杂志上的广告应该全部集中在一页上。接替他的人的态度也同样陈腐，而且绝不放过任何一个机会贬低他所谓的"广告人"。不久以前，他发表过一篇讥讽文章攻击我创作的两个广告，完全无视我曾在他的杂志上刊登过 1 173 页设计十分精致的广告的事实。杂志一方面接受我的广告，接着又写文章攻击它，我认为这是态度很坏的表现，不啻是一面邀请人吃饭一面却又向人的脸上吐唾沫。

我常常想惩罚侮辱我的客户的编辑。有一次我们在《芝加哥论坛报》（*Chicago Tribune*）上为英国博览会做了广告，它却同时刊了麦科米克上校（Colonel McCormick）丑恶地攻击英国的文章。当时我真想把我们的广告从这家报纸撤回来。无奈这样做又会使我们在中西部的阵地出现缺口，也可能会引起一阵非议，说广告界在压编辑。

广告会不会把劣货强加给消费者？痛苦的经验告诉我，绝不可能。有少数几次，我们为某些在消费测试中证实比其他同类产品低劣的产品做了广告，结果是灾难性的。只要我费尽力气去写，我当然也可以说服消费者去买某种劣质产品，但是上当只能一次——而我的客户大多数是指望着消费者不断购买他的产品以获利。菲尼亚斯·巴农

（Phineas T. Barnum）是第一个观察到这个道理的人，他说："你可以用广告宣传一种骗人的商品，引诱许多人买它一回。但是，他们慢慢地会斥责你是骗子。"艾尔弗雷德·波利茨（Alfred Politz）和霍华德·摩根斯说："消灭一个质量极低劣的品牌的最快途径是用最积极的方式来推销它，人们也会用同样快的速度来识破它的低劣程度。"

他继而指出，广告在改进产品质量方面也起了重要作用：

> 研究人员当然经常不断地在设法改进我们购买的那些产品，但请相信我，对产品改进的刺激、推动和建议不少是来自广告宣传方面。肯定也只会是这样，一家公司的广告的成功是和它的产品开发活动的成就相辅相成的。
>
> ……广告和科学调查已经在生产上实现广泛和紧密的合作。直接受益的是消费者，他们因此得到前所未有的机会来挑选更好的产品和服务。

我曾多次说服客户，在未证实新产品在质量方面比市场现有产品有明显的优势之前，不要贸然推出它。

广告也是一种保证质量和服务水平的力量。舒味思软饮料公司的弗雷德里克·胡帕爵士（Sir Frederic Hooper）写道：

> 广告是质量的保证。一家公司花了相当可观的金钱宣传

第十一章
广告是否应予废止

自己产品的优点，使消费者习惯于他们买到的产品始终一贯是高标准的。这样的公司是不敢在日后把自己产品的质量降低的。有时候公众不免失之轻信，但却不轻信到没完没了地购买劣质产品的程度。

我们开始为荷兰皇家航空公司做广告的时候，我们说这家公司"准点"而且"可靠"，他们的最高当局就给自己的航行人员发了一个通知，提醒他们一定要遵守我们广告所做出的承诺。

可以这样说，一家好广告公司代表着消费者的利益。

广告是不是一堆谎言？ 不再如此了。目前大家都害怕被联邦商业委员会抓住。联邦商业委员会公开在报纸上披露它审理的案子。对联邦商业委员会的惧怕达到这样的程度：我的一家客户不久前警告我说，若是我们的任何一部电视广告被联邦商业委员会认定带欺骗性的话，他就立即把他的业务转给别的公司。通用食品公司的律师还认真地提出要求，只有我们的文案撰稿人证实开炉烤肉酱确实有"传统风味"，他才允许我们在广告里把这个并无关痛痒的说辞写进去。消费者得到的保护远比他们自己知道的要多得多。

对各种机构制定的不断变化着的管理广告的规章条例，我并不是总能跟得上的。比如，加拿大政府有一套管理专利药品广告的规定，美国政府的则完全是另外一套。美国有些州禁止在威士忌广告中标明价钱,而另一些州则坚持必须标明。在这个州被禁止的东西,在另一个州成了必须。我只能藏身在一条始终制约着我的作品的规则里:绝不做我不想让自己的家人看的广告。

写过侦探小说和宣传英国国教高教会派(Anglo-Catholic)教义的小册子的多罗西·塞耶斯①先前也写过广告。她说:"明目张胆地撒谎是危险的。最后,只得诉诸'虚构提示'和'规避实情'这两手了。"我犯过一次"虚构提示"的罪过。不过,两年之后一位化学家拯救了我的良知,他证明我"虚构"的提示其实属实。

然而我却要坦白承认我不断地犯"规避实情"的罪。当然,指望广告主渲染自己产品的缺点是不是太过分了一点?一个只谈自己最拿手本事的人应该得到原谅。

广告能使人买他不需要的东西吗? 若你认为人不需要香体剂,那你尽可以自由地批评广告宣传劝服了美国87%的妇女和66%的男人使用香体剂。若你不以为人需要啤酒,那么你批评广告宣传说服了58%的成年人饮用各种啤酒也就一点也不错。如果你不赞成社交活动和人生的某些享受如国外旅行等,那么你指责广告鼓励了这些坏事也是正

---

① 多罗西·塞耶斯(Dorothy L. Sayers, 1893~1957),英国女作家。——译者注

当的。若你不喜欢丰衣足食的社会,你责怪广告鼓动大众追求物质生活也是无可非议的。

若你是这样的清教徒,我和你是无理可讲的,我只好把你当作受虐狂,只好像莱顿大主教那样祈祷:"啊,主啊,我错生为聪明善良之人,请您把我从中解脱出来吧。"

英国工人运动之父、受人尊敬的老约翰·伯恩斯[①]常说,工人阶级的悲剧在于其寡欲。对我怂恿工人争取较好的生活,我绝不后悔。

广告是不是该用于政治? 我以为不该。近年来政党雇用广告公司已经成了时尚。1952年我的老朋友罗瑟·里夫斯为艾森豪威尔将军做广告,就好像将军是一管牙膏。他制作了50部电视广告,在这些短片里,将军要读对假想公民提出的一系列假想问题的手书复函。比如:

公民:艾森豪威尔先生,生活费用过高这个问题怎么样?

将军:我的妻子玛米也担心同样的事。我告诉她我们就是要在11月4日这天改变这一点。

在拍片的间隙,有人听到将军说这样的话:"请想一想,我这个

---

① 约翰·伯恩斯(John Burns, 1858~1943),英国政治家,劳工运动先驱。——译者注

老兵竟来干这样的事。"

对任何要求我的公司为政治家或者政党做广告的事,我都一概拒绝。理由是这样的:

1. 以广告来推销政治家是极庸俗的事。
2. 若是我们为一位民主党人做广告,则对我们公司职工中的共和党人是不公平的,反之亦然。

然而,我鼓励我的同事作为个人为他的政党工作,以尽自己的政治责任。若是一个政党或一位候选人在技术上需要广告服务,如像购买时间播放政治群众集会,他可以任用有专业知识的义务人员,临时组班协助。

广告是不是应该用于非政治性的公益事业? 我们广告人从公益事业中也得到一份满足。正像外科医生花很多时间为贫苦病人做手术而不计报酬一样,我们也花不少时间为公益事业做广告。近年来我们为美国防癌协会、联合国美国委员会(The United States Committee for United Nations)、维护纽约市清洁公民委员会和林肯表演艺术中心创作了不少广告。为这些公益事业我们花去了25万美元,这个数目相当于我们1 200万美元营业额的利润。

1959年,约翰·洛克菲勒三世(John D. Rockefeller Ⅲ)和克拉伦斯·弗朗西斯(Clarence Francis)委托我提高当时还处于计划阶段的林肯中心在公众中的知名度。调查表明,纽约成年人中只有25%听说过林肯中心。一年以后我们的广告活动结束时,有67%的人知道了林肯中心。在介绍我们这个广告方案时我说:

> 如果纽约人以为林肯中心只是上层人士独有的,那么孕育了林肯中心这个思想的人,特别是出资修建中心的那些大基金会一定会很懊丧。……因此树立林肯中心是为了广大群众的这个正确形象就是重要的了。

广告活动结束的时候,这个有民主色彩的目标达到了。我们对每一个受调查的人都做了提示,请他们说明他们同意哪一种看法,调查结果是:

> 76%的被调查者同意"很可能住在纽约和纽约近郊的大多数人迟早会去林肯中心参观访问的"。
> 4%的被调查者认为林肯中心只是为了有钱人。

绝大部分公益广告都是由某一家广告公司独自志愿奉献的,但是林肯中心这一例却是由BBDO、扬罗必凯、本顿暨鲍尔斯3家与我们联手奉献的——很了不起的和谐的四重奏。电视广告是由BBDO制作的，纽约电视台捐赠了价值60万美元的广告时间。广播广告是本顿暨鲍尔斯公司制作的，广播电台捐赠了价值10万美元的广告时间播放这些广告。印刷广告是扬罗必凯和我们合制的，《读者文摘》、《纽约客》、《新闻周刊》(Newsweek)和《暗示》(Cue)都免费刊载了这些广告。

我们志愿接手维护纽约市清洁的广告活动的时候，堪称清洁的街道已经由56%上升到了85%。居住在仍然到处是垃圾的街道上的人大概是一伙极其不负责任的野蛮人，前一家公司的"为了维护纽约的清洁，请勿乱弃废物"这样彬彬有礼的口号是难以改造他们了。

调查的结果表明，大多数纽约人不知道乱扔垃圾会被罚25美元。我们于是制作了一套措辞强硬的广告，警告乱扔垃圾的家伙，说他们会被送交法庭。同时我们劝说纽约市卫生局组织一支突击队，让身着制服骑轻便摩托车的队员在街道上巡视，专抓违章的人。报纸和杂志捐献了多得前所未有的免费版面刊登我们的广告，头3个月纽约电视台免费播放了1 105次广告，4个月后3.9万余份罚款单送达了违章人，市政当局行使了自己的职权。

广告庸俗、令人生厌吗？克罗斯兰（C. A. R. Crosland）在《新政治家》(The New Statesman)上大声疾呼："广告大多庸俗、刺人耳目和引人不快。而且由于广告经常真假掺杂，它在从业人员和观众中定然引起玩世不恭和腐化。"

我以为现在有教养的人主要就是在这方面指责广告。路德威格·冯·米西斯（Ludwig von Mises）把广告描绘成"刺耳、吵闹不宁、粗野、吹嘘"的东西。他指责公众没有对高贵的广告及时做出反应。我却倾向于指责广告人和广告公司——包括我自己。我必须承认，在判断哪些广告会对公众产生不良效果方面，我很无知。我制作过两个在我看来完全没有问题的广告，但却受到了公众的抨击。一次是为哈撒威女式衬衫做的广告，广告上表现了一位美丽的妇女穿着紫色长裤跨坐在一张椅子上，吸着一支长雪茄。另一个违规作品是一则电视广告，在广告里，我们把班牌香体剂涂在一尊希腊雕塑像的腋下。这两个广告的象征意味在我很无所谓，但却激起了好色之徒的情欲。

毫无特色的排版印刷、低劣的照片、冗涩的文案、趣味低级的广告歌，比起广告有淫秽内容更让我恼火。在报纸杂志上出现这些令人厌恶的东西还容易被人忽略过去，但要出现在电视上则绝对逃不过人的眼睛。电视节目中插播这样的广告使我愤怒到极点。电视台老板们难道就这么贪婪，就不肯拒绝这些侵犯人的尊严的东西吗？他们甚至干扰了总统就职仪式和国王登基加冕礼。

作为一个从业人员，我知道电视是人类发明的最有力的广告媒体，我主要也是靠它来挣钱谋生的。但是，作为普通老百姓，我乐于出钱享受欣赏无广告干扰的电视节目的特权。从道德角度看，我自己是被夹在两者之间的。

电视广告使麦迪逊大道成为毫无情趣、崇拜物质的首要象征。如果政府不及时建立电视管理机构，我怕大多数有识之士最终会同意汤因比的意见："我们西方文明的命运将取决于我们和麦迪逊大道所代表的一切做斗争的结果。"我十分关注麦迪逊大道的存在，我却也很怀疑，如不经彻底改革，它是否能生存下去。

希尔暨诺尔顿公司的调查报告说，大部分有识之士现在认为广告培育的价值观念太注意物质实利。今天有识之士的意见，正是大多数选民明天要考虑的问题，这个事实是对我生活来源的威胁。不，亲爱的姐姐，广告不应予以废止，但是它必须经过改造。

译后记

《一个广告人的自白》已送到编辑手中了。

这本书在国际广告界很有影响,已被译成 20 余种文字出版。在美国它的销量已逾 30 万册,在全球的销量早已超过了 100 万册。广告专业书销量如此之大,还未闻有他例。大卫·奥格威也成为广告界之外的人知道的少数广告人之一。他如今年届 80,虽早已退出第一线,但他在国际广告界的名声仍很大。这本书在欧美大部分专修广告的科系里,是学生必读的参考书。以我的看法,它不仅谈了广告的创作、经营管理,也谈了如何经营管理一般的现代企业。

我是受到对外经济贸易广告协会姜弘秘书长的鼓励动手翻译它的。在翻译过程中,北京电扬广告公司的董事长黄慧琼小姐曾多次指教我;美国伊利诺斯大学广告系主任金姆·罗佐尔教授在中国访问期间，也给了我许多帮助。全书译完后，又承奥美广告公司常驻香港的马健伟先生仔细校阅，纠正了许多误译。之后，《国际广告》杂志社呼冉女士也认真审查了译文；同时，对外经济贸易广告协会国际联络部李琪女士也帮助审阅译文，他们都提了许多宝贵的意见。我的妻子则两次为我誊清译稿。对他们的帮助我都衷心感谢。

书中的绝大部分专门名词，我都按国内通行的方法译出。但是近年来，海外华语广告界已经有了一套自己对专门名词的译法，这些译法也逐渐为我国广告界所接受。但凡遇到这样的专门名词，我就用广告界较熟悉的译名了。

尽管得到许多同志的帮助，译文差错仍在所难免。我恳请读者、广告界同仁不吝指教。

林 桦

1991 年 4 月 16 日

译者再记

徐智明先生从奥美广告公司方面购得了在中国出版大卫·奥格威的经典著作《Confessions of an Advertising Man》新版的中文版的权利。徐先生希望我将1991年我按照该书1965年版译出的译文按新版补充供他使用。我高兴地接受了这个任务。

奥格威这本书对世界现代广告业的指导作用，我们业内的同事都知道，我不必再次赘述。我只希望利用这本书再版的机会表达两点意思。

第一点：在1991年的时候，中国对外经济贸易广告协会曾经通过奥美广告公司常驻香港的马健伟先生向奥格威先生表示，希望他能来中国考察中国的广告事业。当时已经退居二线、移居法国的奥格威先生向中国对外经济贸易广告协会表示他很希望来中国，一来看看中国的广告业；二来他也很想看看中国对大熊猫的保护——他是一位极为热心的拥护保护野生动物的人。

但是，由于种种原因，这件事情并未实现。现在，奥格威先生已经作古。我以为这是中国广告界的一件憾事。

第二点：关于这本书的书名。原书中的 confessions 这个词的原意是忏言，经常指天主教徒因为心中有某种他认为必须对天主讲清的事情而到教堂里，跪在一间小小的所谓的"忏悔室"里讲的那些话。奥格威使用这个词的含义是深刻的。应该说，如果把它译为"忏言"，那是再恰当不过的了。"一个广告人的忏言"，这里面包含着"不把话全盘托出心神便不得安宁"的意思。"自白"则没有包含这样深刻的内心要求。

奥格威的文笔很风趣，很诙谐。这个书名包含的是他从业以后的酸甜苦辣，但是，它反映的依然是一个能很风趣地对待成功与挫折的人的心态。

但是，经过很多人多方研究，当时还是决定用"自白"。主要是因为当时台湾已经出版了一个用"自白"这个词的中文版本。这个名字已经有了"品牌"的味道了。

今天，"自白"越发是一个广告业内大家都知道的"品牌"，当然更不宜改动了。但是，作为这本书的译者，不把这一点说清楚，心里也多少有些不安宁。

林　桦

2003 年 1 月于北京通州区

我更喜欢人们把我当作能做出大创意的文案撰稿人

——大卫·奥格威(1911~1999)